本书出版得到韩山师范学院潮州文化研究基地、暨南大学中华文化港澳台及海外传承传播协同创新中心潮州文化研究院经费支持

潮州非物质文化遗产研究丛书

编 委 会

《潮州朱泥手拉壶》编委会

编　　著：陈卢鹏　唐春燕

参编人员：罗英煌　林海奇　林浩滨

（以上人员工作单位皆为韩山师范学院）

广东省精品出版扶持项目

潮州非物质文化遗产研究丛书

丛书主编　陈平原　　副主编　黄景忠

潮州朱泥手拉壶

Chaozhou
Hand–Pulled Red Clay Teapot

陈卢鹏　唐春燕　编　著

暨南大学出版社
JINAN UNIVERSITY PRESS

中国·广州

版，每年出版一批，目前已经列入出版计划的有《潮州通花瓷花》《潮州朱泥手拉壶》《潮州音乐》《潮州抽纱》《潮州菜制作技艺》《潮州歌册》《潮州剪纸》《潮州工夫茶》《潮州木雕》《潮剧》《潮州大吴泥塑》《潮州嵌瓷》等。

丛书最初由韩山师范学院岭东人文创新应用研究中心发起筹划。2021年9月，暨南大学中华文化港澳台及海外传承传播协同创新中心设立潮州文化研究院，并设立了潮州文化研究基金。经协商，决定由韩山师范学院岭东人文创新应用研究中心、潮州文化研究基地和暨南大学中华文化港澳台及海外传承传播协同创新中心潮州文化研究院共同组织和资助丛书的出版。暨南大学是中国第一所由政府创办的华侨学府，是中央统战部、教育部、广东省共建的国家"双一流"建设高校，一直致力于中华优秀传统文化的研究与传播，中华文化港澳台及海外传承传播协同创新中心系由暨南大学牵头组建，于2020年9月被教育部认定为省部共建协同创新中心，为国家级科研创新平台；韩山师范学院是中国第一批、广东省第一所专门培养师资的学校，学校一直重视地方文化的研究和传播，岭东人文创新应用研究中心、潮州文化研究基地是韩山师范学院聚焦潮州文化研究的省级科研平台。两个学校合作，优势互补、资源共享，我们更有信心、更有动力把这套丛书做好。

陈平原教授在受聘暨南大学中华文化港澳台及海外传承传播协同创新中心潮州文化研究院院长时说过意味深长的一句话："对于潮州文化来说，传播与转化，或许更值得用心用力。"我们将"用心用力"做好潮州文化的传播与转化工作。

黄景忠

2022 年 1 月

前　言

　　潮州手拉壶是应工夫茶文化的发展而出现的，是泡制潮州工夫茶的最佳用具，是潮州工夫茶的"绝配"。潮州工夫茶具有鲜明的地方文化特色，是茶文化发展的标杆，是在潮州这块具有独特地方文化的沃土上孕育出来的特色文化，反映着潮州先民生活的经验总结和工匠精神的历史积淀。随着时光的积淀，潮州工夫茶融入了浓厚的地方特色、深邃的文化内涵和鲜明的人文精神。习近平总书记在潮州考察时，与潮州牌坊街的群众亲切交谈，其间亦专门提到了具有地方文化特色的潮州工夫茶，可见，潮州茶文化产业已逐步发展壮大，潮州成为中国茶文化的重镇，潮州工夫茶亦成为潮州一张灿烂的文化名片。

　　"一方水土养一方人"，潮州人把茶称为"茶米"，反映的是潮州人与茶密不可分的关系。"不可一日无吃茶"，反映的是茶即潮州人的生活，相信没有一个地方的人对茶的热爱能与潮州人相比拟。潮州手拉壶反过来又丰富了工夫茶文化的内涵，促进了工夫茶文化的发展，潮州手拉壶的出现也丰富了潮州工艺的品类，为潮州工艺美术百花园增添了一朵耀眼的奇葩。潮州工艺的发展历史在某种程度上代表了中国传统工艺的发展史。潮州手拉壶的发展与中国传统工艺的发展是一致的。

　　潮州手拉壶来源于宜兴紫砂壶，但潮州手拉壶无论是在造型上还是在制作工艺上，都与宜兴紫砂壶有很大的差异。潮州手拉壶的最大特征体现在一个"精"字，它以工艺精湛取胜，而宜兴紫砂壶则以造型独特见长，潮州手拉壶因而与宜兴紫砂壶齐名。2014年，潮州手拉壶被列入"国家级非物质遗产代表性项目名录"，2018年成为国家地理标志保护产品，潮州手拉壶是我国工艺美术百花园里的一朵奇葩。

潮州久负盛名的制壶"五大家族作坊"从清代出现后沿袭、传承、发展至今，为手拉茶壶融入潮州工夫茶文化、推动潮州茶产业发展默默耕耘。以"五大家族作坊"为代表的潮州手拉壶成为广大"茶人"冲泡工夫茶的首选用具。广大收藏爱好者将潮州手拉壶纳入收藏对象，以藏品中有潮州手拉壶为荣。《潮州茶经·工夫茶》作者翁辉东先生对潮州手拉壶推崇备至，把潮州手拉壶列为"十二式工夫茶具"之首。

与时俱进是社会发展的潮流。与时俱进的工夫茶壶以工夫茶文化为根，与时代相融并进，开创了新时代的新辉煌。为满足人们对高品质文化生活的需求，广大壶艺从业人员各尽所能，创新发展，创作出一批批既有实用功能，又有欣赏、收藏价值的工夫茶壶。工夫茶壶的大量出现，促进了潮州工夫茶文化的向前发展。

本书中探讨的潮州手拉壶不仅仅是一门非遗技艺，还是蕴含着"天有时，地有气，材有美，工有巧"的生活器物。它是潮州文化的一个缩影，包含着物质的和非物质的内容。因循《考工记》这句至理古言，同时为了突出这把"小壶"的特点，受天地造物之地域文化的影响，立"朱泥"意韵之美，扬"手拉"技艺之精，故在后续的正文中，以"潮州朱泥手拉壶"为名称，展开相关的阐释和论述，力求从审美、文化、造物精神等方面赋予其更多的内涵，为潮州朱泥手拉壶的发展贡献一点绵薄之力。

编著者

2023 年 11 月

潮州朱泥手拉壶

目 录
contents

第一章

潮州朱泥手拉壶概述

第一节　潮州朱泥手拉壶的概念界定

中国文化源远流长，手工技艺作为文化的一种表现形式，在技术上和艺术上都取得了杰出的成就，并大都转化为非物质文化遗产被传承、发展和活化。中国素以陶瓷著称，制瓷技艺享誉世界。陶，与瓷相比，似乎相形见绌，其实不然，陶在原料蕴藏、工艺技艺、造型装饰、风格气韵等方面也都可圈可点，是陶瓷文化的一个重要领域。我国的陶器制造业分布地域极为广泛，制陶工艺和风格样式丰富多样、种类繁多。一般来说，陶以历史发展为依据，分为红陶、彩陶、黑陶、灰陶、硬陶、釉陶等；也可以使用功能为依据，分为陶钵、陶碗、陶鼎、陶壶、陶罐、陶盆等。就目前来说，随着我国经济的不断发展，区域发展依托特色产业，此时的优秀制陶地区所生产的陶器大多以地域名称和制陶特色为重点，并作名称而使用，如宜兴紫砂陶、钦州坭兴陶、建水紫陶、重庆荣昌陶等。其中，最为突出的江苏宜兴紫砂陶器在工艺技术和艺术表现上成就斐然，拥有一套完整有效的工艺制作系统，形成具有普遍指导意义的科学的工艺范式，为其他制陶产业提供技术及思想指导。其工艺制作流程和造物思想具有代表性与先进性，对各时期各区域的陶器发展都起到了引领与指导作用。"宜兴紫砂陶制作技艺"是在 2006 年 5 月 20 日经国务院批准、文化部确定的第一批国家级非物质文化遗产。宜兴紫砂陶制作技艺概念是"工艺"的概念，是广义的，包含着原材料、技术、经验、制作过程、形态表征、思想内涵等方面。[1] 作为技

---

[1]　杨子帆：《紫砂的意蕴——宜兴紫砂工艺研究》，北京：中华书局，2014 年，第 5 页。

艺的载体——紫砂陶器，特指用宜兴紫砂陶土原料制作的陶器，其采用独特的工艺技术，有别于宜兴之外的其他地区的红泥或紫泥陶器，也有别于宜兴本地的一般陶器品种。① 因此，承载技艺的宜兴紫砂陶器的概念突出地域与材料的特性，是有意义的特指，有一定的狭义性。

在对"潮州朱泥手拉壶"展开论述前，对其名称进行概念界定是极其重要的。从名称概念来看，相对于"枫溪手拉朱泥壶制作技艺"而言，"枫溪与潮州"地域行政上的从属关系被忽略，强调市政划分区域和制陶技艺，以及具有普遍意义上的名称——"潮州手拉壶"。从特殊性来看，借鉴"宜兴紫砂陶器"的名称，本书强调材料的独特性，加入"朱泥"二字，区别于宜兴紫砂手拍成型技艺，强调手拉坯技艺。从器物形式来看，强调"壶"，故本书以"潮州朱泥手拉壶"为名称展开论述及探讨。在本书调研及撰写过程中，与潮州制壶艺人们聊起"潮州手拉壶"的名称时，大多艺人都饱含深情地谈及该如何传承、发展、创新等问题，认为名称应更具包容性和发展眼光，如表现特定区域特色的"潮州壶"，突出手拉坯技艺的"潮州手拉壶"，也有强调地方泥料的"潮州朱泥手拉壶"，还有希望与地方茶文化联系起来的"潮州茶壶"等。不论基于哪种出发点，于本书而言，以"潮州朱泥手拉壶"命名，希望从概念界定延伸至相关内容的梳理、剖析与探索，较为细致完整地展现"壶"的风貌与特色。

对大多数热爱潮州文化的人来说，潮州朱泥手拉壶不仅仅是一把可以泡茶的壶，更体现着潮州的地方特色、独特的材料美感、手拉的工艺技术及手艺精神。潮州朱泥手拉壶首先强调潮州地域文化的滋养；其次明确原材料的特性，把潮州的朱泥与其他的红陶区别开来；最后在制壶技艺中强调"轮制"手拉的传统技艺，与紫砂壶

① 杨子帆：《紫砂的意蕴——宜兴紫砂工艺研究》，北京：中华书局，2014年，第6页。

的手拍成型技艺区别开来。本书探讨的潮州朱泥手拉壶是一门非遗技艺，也是由朱泥这种材料形成的具有手拉制壶技艺的物件，还是蕴含着"天有时，地有气，材有美，工有巧"的生活器物。它是潮州文化的一个缩影，包含着物质和非物质的内容。

本书引入先秦时期《考工记》提出的评判器物优劣的智慧与原则——"天有时，地有气，材有美，工有巧，合此四者，然后可以为良"，为后人理解和阐释古人器物观、朴素设计观及工艺美学观提供了深刻的指引。"天时""地气"在这里被作为制作的首要条件，其次强调材料的优良，最后强调工艺的精巧，四者相辅相成，其评判的先后次序凸显古人造物观的智慧。循着《考工记》这句古言，首先尝试界定"潮州朱泥手拉壶"的命名问题，其次在行文中分别探讨以下内容：天有时——潮州朱泥手拉壶的出现、发展、繁荣的时间线；地有气——地域文化的影响；材有美——朱泥的特点；工有巧——手拉坯技艺和工具的善用，并由此展开相关内容的更深层次的探讨。

此外，一方面，潮州朱泥手拉壶作为日常器物，以传统方式融入当下的日常生活；另一方面，作为文化遗产保护对象，潮州朱泥手拉壶成为传承发展当地文化的一种方式——一部分转化为体现当地文化的经济手段；还有一部分蜕变为精神的需求，满足审美和情感的需求。对于后一部分，以器物的制作方式分析其制作流程，强调造物内涵涉及造物情致、造物适用、造物技艺、造物审美这几个方面，最后从实践角度出发，从传承活化传统文化与技艺的心境出发，简要阐述潮州朱泥手拉壶在人才培养方面的尝试与举措，加入访谈的形式记录与潮州制壶艺人们的对话，以小观大，以微见著，希望能够较真实地呈现潮州朱泥手拉壶的现状。

作为 2014 年入选国家级非物质文化遗产名录的"枫溪手拉朱泥壶制作技艺"，其应用于物质产品生产后，透过"壶"，能够感受其非物质的部分，是经济层面、精神层面、审美层面的统一体。非物质文化遗产，从文化的内容形态上，可分为物质文化和非物质文化。所谓物质文化，是人类活动遗留下来的形态、痕迹，以物态的形式显示历史的足迹；非物质文化虽然包括物质的具体形式，但其技艺、观念、审美、信仰、风俗是非物质的核心概念，以潮州朱泥手拉壶为例，当我们谈论其传承与发展时，更着眼和强调其技艺、风格、审美。物质文化遗产不可再生，具有稀缺性和唯一性，而非物质文化遗产则具有"见人见物见生活"的活态传承性，可以传承、无限复制，在生产、生活中随处可见。[①] 对于我们今天从事和研究传统技艺和非遗文化的学者或手工艺从业者来说，理解其中的深意具有非常重要的意义。习近平总书记在主持召开文化传承发展座谈会上高度概括凝练中华文明的五个突出特性——连续性、创新性、统一性、包容性、和平性，既是中华文明的精准画像，也清晰印证了中华文明中物质文化和非物质文化的特性。因而，传承和弘扬潮州朱泥手拉壶技艺，不仅仅是为了留住手艺，更是文化和文脉的承袭与创新发展。与习近平总书记关于文化遗产的思想理论强调的一样：努力将传统文化创造性转化，创新性发展，使之与现实文化相融通，共同服务是文化人的时代任务。[②]

第二节　地域与文化对潮州朱泥手拉壶的影响

在分析和研究潮州朱泥手拉壶的过程中，笔者切实感受到地域文化对它的深刻影响。潮州地处中国广东省的最东端，与福建省毗邻，地势西北高而东南低，东北和西北多高山丘陵。受地形地貌特

---

① 韩子勇：《从物质文化、非物质文化看中华文明"五个突出特性"》，《中国非物质文化遗产》2024 年第 1 期。

② 卜宪群：《深入领会习近平关于文化遗产的思想理论（文明之声）》，《人民日报》，2018 年 1 月10 日。

征、植被分布及人类生计的影响，形成了不同的土壤类型，其中黄壤孕育了驰名中外的"凤凰茶"，红壤和赤红壤是百姓生产生活的沃土，潮沙泥土伴随着韩江流水影响着一代又一代人。一方水土养一方人，环境的影响逐渐构成了潮州人特定的生产方式、生活习惯、民俗信仰等，也浸润着潮州人的思想观念和文化特征。

暂且不论这些文化究竟应称为"潮汕文化"还是"潮州文化"抑或是"潮人文化"，但上述三种说法，都体现着对地域性的关注与强调。众多学者和文人在研究探讨这一地区时，大多通过风土人情、传统习俗、价值观念、审美情趣等问题提炼概括它们的共性与个性，从而升华为具有地域文化的独特观念。如汕头大学潮汕文化研究中心杜经国教授在《潮汕文化的形成与发展》一文中说："潮汕文化是中华文化的一个分支……潮汕文化包含着不少的文化特质，这些特质构成了既与共存于同一地域中的畲族文化、客家文化不同，也与周边其他地域文化有异的一个体系。"暨南大学詹伯慧教授也使用"潮汕文化"之称："潮汕文化是中华民族文化中具有鲜明地域特色的一支。"杜松年先生在他的《潮汕大文化》一书中认为："潮汕文化，是居住在本土的潮汕人、居住在国内其他地方及海外的潮汕人和关心潮汕人士所创造的有鲜明地方特色的潮汕文化，属广义文化也即大众文化范畴，包括物质文化和精神文化的总和，其外延包括潮人文化，是一种地域性群体文化。"可见，潮汕地区的文化特征融汇了古南越的土著文化、中原文化及海洋文化并客观存在着，也长期影响着人们的衣食住行、生活习俗、人情交际、文化伦理等，同时还孕育了丰富多样的文化表现形式，在这些形式之中，大多以"潮州"二字冠名，凸显"潮州"的地域性文化特征，如潮州茶、潮州菜、潮州话、潮州小吃、潮州枫溪瓷、潮州剪纸、潮州刺绣、潮州手拉壶等。以"潮州"为名来表现地域特征的称呼是被广泛使用和认同的，特别是2018年4月"潮州手拉朱泥壶"成功评审通过国家地理标志产品保护。在《与贸易有关的知识产权协定》第22条第

第二章

潮州朱泥手拉壶的缘起与发展

第一节　潮州朱泥手拉壶的缘起——饮茶文化与紫砂之缘

　　潮州地处亚热带，潮州人的生计依托于大海与韩江水，当地文化、中原文化及海洋文化共同影响着潮州人的生活、文化、经济等方面。明嘉靖万历年间，海上私商贸易的繁荣也带来了潮州商品经济的繁荣，刺激着陶瓷业的生产、发展。喜食海鲜的潮州人认为喝茶能避腥气提神，茶具不仅成为海上贸易的热销品，也成为当地人喜爱的民用器物。据明万历《粤大记》记载，明代潮州进士及第129人，由此可见，此时的潮州人才济济，成为岭南的文化大郡，文人饮茶的风尚影响了潮州的饮茶文化，进一步刺激了陶瓷业的发展。因此，潮州朱泥手拉壶的产生与演变离不开潮州人的地域文化、贸易往来、日常生活这三个重要的影响因素。

　　生长于南方的茶树起初被认为具有药用价值，后成为日常生活的饮物。在儒释道思想等传统文化影响下，在文人墨客的高雅趣味追求下，茶成为一种文化的载体，饮茶成为一种表达文化信仰和追求的方式。唐代茶学家陆羽作为茶文化的传道者，在《茶经》中探究影响茶的品质的因素，其中描述了24种茶具及其功能。陆羽认为，青色是茶杯的理想色，它会增加茶汤的嫩绿色泽。[①] 为了衬托茶汤色泽，需要考虑茶盏的成型与成色，唐代茶具中多见施青釉茶盏。在韩江"出水"的器物中，还经常发现唐代越窑的斗笠型玉璧底茶盏，有的甚至被成叠捞起，笔者在民间采集了多件，为唐代最典型的

---

　　① ［日］冈仓天心著，谷泉译：《茶书》，北京：新星出版社，2016年，第18页。

"越州茶瓯"。[1] 出水的古物折射出唐代潮州人的饮茶生活与陶瓷生产技术的发展。到了宋代,饮茶的"抹茶"方式与民间"斗茶"文化促成饮茶器具的转变,器型上讲究出水速度能够激发茶汤泛花的特点,器物色泽上强调既能与茶汤形成对比,又能相互交映、相互衬托。潮州笔架山窑就出土了不少黑釉和青白釉的茶盏,反映了潮州人饮茶器物和饮茶习俗的变更。潮州人称饮茶为"吃茶",一如古文献中"茶为食物,无异盐米"的记述,可见潮州人饮茶文化早在唐宋时期就已然形成了。到了明代,饮茶方式经由碾茶烹煮、沸水点茶的大碗茶逐渐演变为条束茶叶冲泡的小杯茶,但仍然受陆羽《茶经》的影响,对茶的"品"与"艺"更为讲究,故有"工夫茶四宝"之说。广东潮州工夫茶的形成,早期可能有三个途径:一是外籍江南、闽省诸地人员出仕潮州;二是宋元时代闽人迁入潮地;三是潮人到福建贩茶。[2] "工夫"二字在潮语中意为做事考究、细致而用心。为茶加上"工夫"二字,足见潮州人对茶叶、茶具、茶技之考究与用心。潮州工夫茶多用凤凰山单丛茶冲泡,属于乌龙茶类,汤色较浓,茶水醇厚,茶香独特,有香、活、甘的特点。香,在于茶本身的香,口含茶汤有清香芬芳之气冲鼻而出,有齿颊留芳之感,隽永悠长;活,指润滑爽口少涩感;甘,指喉咙有回甘之感,俗称"有喉头"。"食茶"是潮州每一个寻常人家天天都要做的"功课",煮水、温壶、冲泡、品啜,几杯甘醇的茶汤下肚,讲究的是泡茶的"慢工夫"和"闲情趣"。

　　潮人饮茶的历史通过近代出土的饮茶器物(包括唐代的茶碗、宋代的茶盏、明代至清代的各类粗胎壶体)可见一斑,追溯潮人饮茶风尚的几百年时光,如今,工夫茶已成为潮人文化的一种象征,也成为海外潮人寄托乡愁乡情的符号。对潮州人来说,工夫茶贯穿

---

① 闲情偶的:《论潮汕"工夫茶四宝"》,http://www.360doc.com/content/18/0215/10/29239173_730078637.shtml,2018年2月15日。

② "中国国家人文地理"微信平台公众号:《广东潮州工夫茶:平淡生活里的仪式感》,2020年9月24日。

了整个人生历程。孩子蹒跚学步的时候，就会模仿父母泡茶，将工夫茶具当成玩具（见图2-1），试图冲泡几杯工夫茶；等孩子大一点，父母就会喂他们喝茶汤，小小的孩童，竟对这略带苦涩的茶水有着天然的喜爱。孩子长大后，到外地读书、工作，总会带着一点茶叶出门，每逢中秋、冬至等团圆佳节，回不了家的异乡游子总会聚集在一起，泡茶闲聊，氤氲茶香中温暖的是同为潮州人的那颗心。在潮州民间，工夫茶还被赋予了不少文化内涵。譬如茶杯的设置，有"茶三酒四"之说。"茶三"指冲泡工夫茶用三个茶杯最为适宜，恰好摆成一个"品"字，倘若喝茶的人多于三人，宾主之间便会互相谦让，这一杯茶水之间的谦让凸显的正是潮州人热情好客及谦逊有礼的品格。喝茶的时候，一定要先敬主宾，或以老幼为序。如明嘉靖万历年间的潮剧戏文《荔枝记》中的唱词："端椅坐，讨茶食；人客，茶请你；师傅冲茶待你……"说明早在明代，民间茶事早已普及。潮州工夫茶泡茶技艺在中国各地茶艺中独树一帜，可以说和冲泡的器皿、程式脱不开关系。民国翁辉东所撰《潮州茶经·工夫茶》中记载："工夫茶之特别处，不在于茶之本质，而在于茶具器皿之配备精良，以及闲情逸致之烹制。"① 潮州工夫茶之所以为"工夫"，在于冲泡流程讲究"慢工夫"。除了必备的茶壶、茶杯、茶盘外，常见的茶具器皿还有茶荷、红泥火炉、壶承、茶船、砂铫、茶担、羽扇等，多以双数配备，以精细、质好为精品（见图2-2）。

---

① 闲情偶的：《论潮汕"工夫茶四宝"》，http：//www.360doc.com/content/18/0215/10/29239173_730078637.shtml，2018年2月15日。

图2-1 近代；童子茶具系列；五彩贴塑鹅纹茶壶（图源于潮州市颐陶轩潮州窑博物馆）

图2-2 民国时期潮州系列茶具（图源于潮州市颐陶轩潮州窑博物馆）

潮州工夫茶是我国非物质文化遗产的典型代表之一，其强调"工夫"二字，即饮茶方式更加考究，茶具形式更加细致。一壶泉水、一撮茶叶、一套茶具就可够三两好友浅酌半日，畅谈家长里短，这与潮州人讲究精致、不急不躁的生活习惯有关。在"慢工夫"的冲茶过程中，爱茶的潮州人发现，唯有一把好的茶壶才能冲出茶叶的清香，才能不辜负大自然的馈赠，手拉壶茶器的演变和发展，与茶或饮茶方式的变化和发展是紧密联系在一起的。

潮州民间艺人创作手拉壶，取用的是当地的"红泥"，这是紫砂泥料的一种，属于天然矿料（见图 2-3），因此也有人称潮州朱泥手拉壶为"潮州朱泥壶"。该泥料质地细腻柔韧而含砂少，可塑性高，用它拉制出来的茗壶，质地坚实，颗粒结构疏朗，表面平滑，能保持透气而不透水；保鲜性能良好，将新鲜面包撕碎了放在朱泥壶中，可以保持 3~7 天不变质；保温性能也很好，具有耐受骤然冷热的特点。因此，承载潮州工夫茶的茶具不仅形式多样、小巧精致，而且也是彰显潮州工夫茶文化和艺术特色的载体。潮州朱泥手拉壶的发展深受潮州工夫茶文化的影响而得以推进，同时，新一代制壶艺人不断创新，跳出固有的思维模式，推陈出新，使手拉壶得到了更好的传承与发展，呈现出百花齐放、百家争鸣的新态势。

图 2-3　泥料

第二节 传统民生下的初创——清末"老字号"

　　走进潮州古城，牌坊街的条条巷弄院落如昨，门前的彩绘、屋顶的嵌瓷、梁间的金漆木雕诉说着往日商贾官宦们的辉煌；在人潮拥挤的街道中仍然可以领略到传统风俗，如那些沿街售卖的传统绣铺、饼食铺、"喜钱"铺、茶铺等。不管是古时的富有商贾、仕宦人家、文人学士，还是现在的平常人家，"有闲吃茶"是潮州人生活中必不可少的一件乐事。饮茶遣兴，以茶解乏，喝茶消闲，影响着与之息息相关的茶具制作工艺。《陶器考》中提道："明末李尚书待问奉命往潮州办贡瓷……"在《枫溪陶瓷历史》中也提道："至明崇祯时，建立缶窑四条……"从以上古文献中的记载来看，明代潮州瓷质优量多，又从《潮州窑历代茶具》一书中收录的相关陶器图片资料来看（见图2-4），这一时期的出土文物有很多陶器壶嘴，可见当地朱泥已用于茶具的制作，茶具生产已具规模性和常规性。

　　到了清代，潮州受"迁界"海禁政策的影响，海边居民为了生计，依旧通过海上私商的形式进行贸易。1657—1687年菲律宾马尼拉贸易史料中记载的"Carahayes"，即来自潮州的陶瓷茶壶类，其造型为"手掌大"的带把柄陶壶。[①] 据其他的史料记载，此时的潮州茶壶作为外销陶器产品，大多通过柘林港口和南澳岛运销到台湾，再转销到国外。直至康熙二十三年（1684）海禁解除，"清康熙时，有丘灶窑、宫后大窑、窑心灶等，商号有30多家和部分家庭手工业，从业人数二三百人，这时产品除薄缶外，还产后缶，如樽、槽钵等

---

① 李炳炎、詹树荣：《潮州窑历代茶具》，深圳：深圳报业集团出版社，2016年，第16页。

揭釉壶流

砂锅

上土水朱泥壶流

粗陶壶流

素胎壶流

素胎朱泥茶叶罐

朱泥茶叶罐盖

煎盘

小钵

图2-4　陶器图片资料（转引于《潮州窑历代茶具》）

日用陶器"[1]。从雍正元年（1723）开启的出海商船"红头船"到乾隆年间的"通洋总汇"，再到清俞蛟所撰小说《梦厂杂著·潮嘉风月》，反映了潮州陶瓷产业的繁荣发展，其中的工夫茶俗与茶具需求一并刺激着潮州制壶艺人为了生计不断改进制壶技艺与方法。从此时的传世品来观察，泥料较之前细腻，色泽较红润，器表有明显的手拉纹理，故推断采用手拉坯成型技术，器型受饮茶文化影响以梨

---

① 李炳炎、詹树荣：《潮州窑历代茶具》，深圳：深圳报业集团出版社，2016年，第16页。

形壶为主，壶流、壶把、壶顶的细节处理精细，整体线条流畅，呈红砖色，体现着当时的手拉坯技艺已经极为精致。发展到清中期，潮州朱泥手拉壶既有宫廷御用坯的贡品，也有满足不同阶层民众需求的产品。据相关资料记载与描述，现收藏于北京故宫博物院的朱泥小壶，其器表运用"上土水"技艺，腹内胎质细腻、有明显的手拉旋纹，整体造型流畅，部件之间处理精细，色泽砖红，有一定的温润感，代表了明清时期潮州制壶技艺的最高水准（见图2-5）。

图2-5 北京故宫博物院收藏的两把潮州朱泥壶（图由潮州市颐陶轩潮州窑博物馆李炳炎提供）

在爱茶喜壶的风气下，制壶艺人们在与泥料最初的相遇中，渐渐摸透了本地红泥的本性，形成了一套本地化的手拉坯技艺，发展出不同的手拉壶创作家族谱系。潮州陶瓷业因第一次鸦片战争爆发受到极大的影响，西洋外来机器生产的产品在质量、外观等方面胜于本地产品，但由于手拉坯技艺的特殊性，其无法被机器取代，本地与外销市场的需求反而催生了制壶工坊不断改进技艺方法，加快生产节奏。

今天潮州朱泥手拉壶行业最重要的两个家族——"吴氏""章氏"，就是在那时候开始创立朱泥壶生产作坊的。吴氏"源兴"号为其先祖吴英武在清道光二十七年（1847）创立，作坊设在枫溪大路顶红罐铺内。吴英武，当时人称为"吴孟臣"，擅长制作手拉壶，其壶为梨形，造型经典，小巧精致。红罐铺本来是他研制手拉壶的工厂，因声名鹊起，后来该工厂所在的地方遂被命名为"红罐铺内"。吴英武的技艺影响了当地壶器的造型、工艺，进而出现了大量的仿孟臣壶（见图2-6）。潮州朱泥手拉壶另一重要的家族作坊——章氏"安顺"号，同样创立于清代末期，创始人章大得的作坊设在枫溪西塘（今潮州市湘桥区凤新街道西塘村）。"安顺"号手拉壶颇有盛誉，在东南亚一带也有一定影响力。至此，潮州朱泥手拉壶的制作已经颇为成熟，而当时艺人创作的手拉茗壶除了在本地流通外，还流传到闽南地区乃至海外，影响力日渐增强。这一时期的潮州朱泥手拉壶以民间家族制壶为主，形成小作坊的生产模式，带动了一批以家族为核心的制壶师、制壶家族及制壶作坊。

图2-6　仿孟臣壶（摄于潮州市颐陶轩潮州窑博物馆）

第三节　家族传承之下的发展

清代末期，潮州朱泥手拉壶的制作技艺得到进一步的推进，此时，与吴氏"源兴"号一样技艺成熟的手拉壶家族，还有章大得创

办的章氏"安顺"号、吴世海创办的"亮合"号、格智公创办的
"俊合"号、张登镜创办的"裕德堂"号（见表2-1至表2-5）。
以手拉壶家族为代表的制壶作坊相继出现，说明这一时期潮州朱泥
手拉壶量大质优，不仅深受当地人喜爱，也被海外市场广泛认可。
除了本地的手拉壶家族勤勤恳恳、兢兢业业地生产和探索制壶技艺，
也有奔走于海内外市场的潮州商人为其开拓市场，促进潮州陶瓷业
和茶具市场的大力发展。瓷商大家吴子厚、吴潮川等名商引领着枫
溪陶瓷行业不断开拓市场，枫溪城内作坊林立，枫溪陶瓷产品品质
得到很大的提升，促进了陶瓷行业的良性发展，为潮州陶瓷奠定了
深厚的商业根基。商业的发达使从商者除了开拓市场，也开阔了眼
界和意识，他们将南洋文化和西方艺术的装饰手法与当地传统建筑
风格相结合，积极建设宗族祠堂和私人府邸，形成了极具特色的建
筑文化，促进了当地的商业经济，影响了当地的文化发展。在这样
的商业文化背景下，商业大家的追求和喜好影响着潮州当地的群众
生活。清人金武祥在《海珠边琐》中写道："潮州人茗饮喜小壶，故
粤中伪造孟臣、逸公小壶，触目皆是。"[1] 台湾史志学家连横
（1878—1936）撰写《茗谈》："台人品茶，与漳、泉、潮相同……茗
必武夷，壶必孟臣，杯必若深。三者为品茗之要，非此不足以豪，
且不足待客。"[2] 潮人喜用小壶，除了受饮茶文化、商业文化的影响
外，士大夫文化同样造就了潮州朱泥手拉壶在器型上的追寻。制壶
者开始对茶壶进行创新探索，市场上不仅出现许多仿孟臣壶，还有
异曲同工的水平壶、文旦壶、思亭壶等，同时借鉴瓷器和西洋造型。
民国时期由于战乱，潮州朱泥手拉壶行业的发展也受到了影响，从
事手拉壶研制的人越来越少，只剩下几个师傅在坚持创作，所幸该
技艺秉承传统的"父传子，子传孙"的家族式传承，虽然从业者日

---

① 朱郁华：《惠孟臣与孟臣壶》，《农业考古》2003年第4期，第154页。
② 谢华：《潮州朱泥壶与宜兴朱泥壶之比较探究》，《陶瓷科学与艺术》2021年第2期，第26-27页。

渐减少，但技艺并没有完全消亡，而是被一代代传承了下来。民国时期根据当地成熟的制瓷技艺，枫溪也生产瓷类茶具，有五彩、蓝彩、青花、贴花等工艺，涉及类别繁多，造型考究，一壶多用，以实用和装饰为出发点塑造瓷器茶壶。而潮州朱泥手拉壶在泥料、工艺特征等方面延续清代后期的特点，技艺趋于成熟，在实践经验中积累技艺，各家族作坊逐渐形成各自的制作流程，挖掘家族工艺特点，凸显家庭作坊的优势，并逐渐形成不同的手拉壶风貌：有的强调厚胎稳重的视觉效果；有的胎质薄而密，各构件衔接自然流畅，采用"上土水"的技艺装饰壶体。如图2-7中左侧手拉壶，质感上较右边的更有光泽。因其坯体浸泡于富含铁质的泥水中，故坯体平整光滑，经1 100℃的高温烧成之后，呈现温润的朱红色，器物碰击时声音清脆。而右侧厚胎手拉壶通过坯体刻花装饰，呈现丰富感。

图2-7　"上土水"技艺装饰（左壶）

表 2-1　"源兴"号世系表

第一代	第二代	第三代	第四代	第五代	第六代
吴英武（吴孟臣）	吴炳城	吴锦永	吴瑞深	吴培镇	吴晗煜
					吴晗哲
				吴培鑫	吴晗洋
	吴炳炎	吴锦河	吴瑞全	吴培辉	
				吴培良	
				吴培强	

表 2-2　"安顺"号世系表

第一代	第二代	第三代	第四代	第五代
章大得	章贞坤	章永添	章燕明	章海元
			章燕城	章广鑫
			章燕标	
		章永杰	章赞文	
			章壮雄	
	章贞平	章永江	章金材	

表 2 - 3　"亮合"号世系表

第一代	第二代	第三代	第四代
吴世海	吴雅颂 （吴承均）	吴兴锐	吴孟君
			吴旭斌
			吴鸿斌
	吴承名	吴维祥	吴锦全

表 2 - 4　"俊合"号世系表

第一代	第二代	第三代	第四代	第五代	第六代
格智公	子成功	谢壁辉	谢本基	谢华	谢思逸
					谢思博
					佘小豪
					吴义永
					沈森宏
					陈希红

表2-5 "裕德堂"号世系表

第一代	第二代	第三代	第四代	第五代
张登镜（字文耀）	张祯照			
	张祯美	张开德	张瑞端	张泽锋
			张瑞隆	
		张开基		

第四节　艺术市场下的新星

中华人民共和国成立后，潮州茶具产品开始恢复生产，在计划经济体制下，枫溪成立陶器联销组，原本的传统手拉壶家族被统一组织安排，如"源兴炳记"朱泥壶作坊归入枫溪陶一舍，"安顺"号章永添在长美陶社试制组当技术员。因受当时经济及政治环境的影响，产品销量并不乐观，但潮州政府仍然积极寻求商机与办法增加销售渠道和提升陶瓷的各项水平。在1954年至1955年间，广州人民美术社派了一个工作组到枫溪指导陶瓷生产工作，包括组长袁子云及15名组员。他们创制了百余种新产品，并对注浆成型工艺进行改进，这种新的成型工艺对提高枫溪瓷的生产技术起了极大的作用。[①]
对于注浆成型工艺的学习和研究，除了"请进来"，还"送出去"，
"安顺"号章永添就被派到宜兴学壶艺，目的是解决传统手拉壶制作
效率低下、产量少等问题。学成归来后，章永添不仅在制壶速度上
切实有了飞速的提升，还在壶艺创作上有了新的尝试，不再限于单
体壶的创作，还以系列茶具为出发点，尝试在壶体表面进行装饰设
计。总的来说，计划经济下的生活方式及经济状况，使得悠闲文雅
的饮茶活动几乎无法实现，因此传统朱泥手拉壶并不热销，并逐渐
被瓷器茶具代替，以适应现代的家居生活。直至20世纪80年代，国
家开始实行改革开放，潮州因地理环境及人文优势，大量的海外华
侨回乡探亲并投资创业，饮茶风俗又重新回归潮人生活，带动了茶
具市场的再生。应市场的需求，当时的制壶艺人不仅仅制作传统壶
型，也应客户的需求开发设计制作新产品，新的产品需要新的泥料、
新的工艺、新的造型、新的创作理念，一系列新气象为潮州朱泥手
拉壶重新注入新的生命，使其焕发新的生机。20世纪90年代，生活
水平的提高，使得人们对手拉壶的追求不仅仅停留在实用方面，更
开始追求形式上的美感和文化方面的体现，特别是1989年凤凰单丛
被评选为全国第一名茶之后，凤凰单丛、工夫茶、潮州朱泥手拉壶
一道成为被追捧的对象。此时，各地级市也陆续开始制定保护民间
美术和民间艺术的相关规章制度，民间艺术迎来了蓬勃发展的春天，
借助这股春风，潮州朱泥手拉壶的发展也步上了快车道，一些朱泥
手拉壶精品走进拍卖场，闯进了业内收藏家的视野。2009年，枫溪
手拉朱泥壶制作技艺入选广东省第三批省级非物质文化遗产名录。
潮州不少制作手拉壶的工艺美术师，携带壶艺精品频频亮相全国各
大艺术展览，并摘得不少金奖。富有地方文化特色的潮州朱泥手拉
壶，得到了更大范围的宣传和推广，知名度不断提升，也成为壶艺

---

① 李炳炎、詹树荣：《潮州窑历代茶具》，深圳：深圳报业集团出版社，2016年，第
16页。

收藏市场的新秀，不少精品手拉壶拍出了不菲的价格。2011年10月，潮州朱泥手拉壶艺大师谢华创作的《弓门提梁壶》（见图2-8），在深圳艺术品拍卖会上以17万元的价格成交。在2013年的嘉德春拍上，谢华创作的《仁寿壶》以38万元的价格成交，再次刷新潮州朱泥手拉壶的单只市场成交价格。

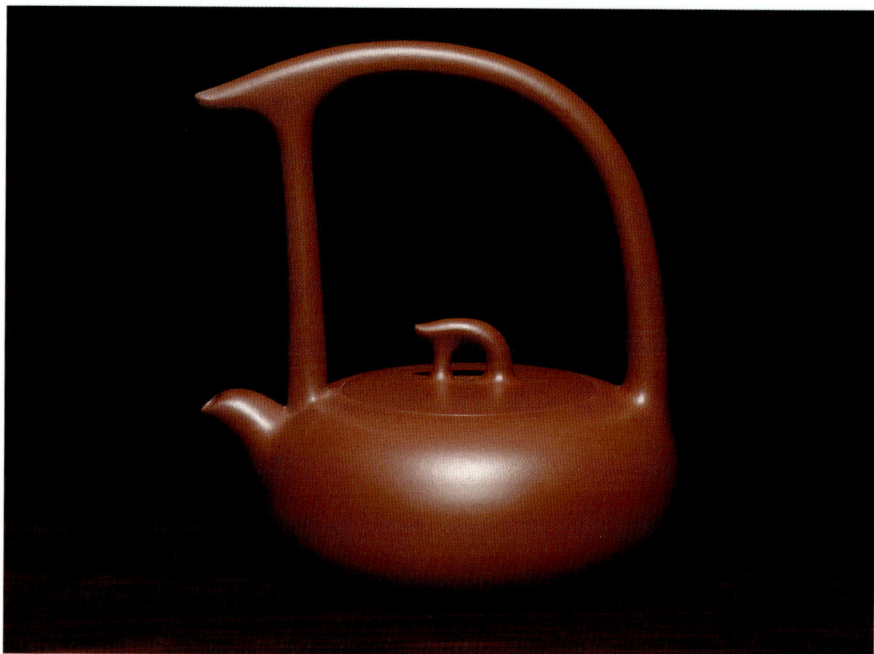

图2-8　谢华创作的《弓门提梁壶》

2014年，枫溪手拉朱泥壶制作技艺被列入国家级非物质文化遗产代表性项目名录。2017年，"俊合"号朱泥手拉壶第五代传人、国家级工艺美术大师——谢华，入选第五批国家级非物质文化遗产代表性项目代表性传承人推荐名单。

近几年，潮州朱泥手拉壶行业方兴未艾，越来越多的年轻人开始关注潮州朱泥手拉壶。作为新时代的制壶艺人，他们大多具有艺术设计专业的背景，拥有一身技艺，对壶艺创作充满激情、创意。同时，因制壶技艺需要多年的经验，有许多年轻的制壶艺人毕业后仍拜师学艺，在大师的指导和鼓励下，刻苦训练，精进技艺，逐渐形成各自独特的制壶风格。他们的作品造型大多简洁明快，生动活泼，创意突出，能够运用现代设计的创作思路和方法设计茗壶。受饮茶文化和制壶大师们的影响，年轻的制壶艺人们对传统文化的理解和运用也十分突出，能够运用各种创作手法表现传统文化，符合当下年轻人的审美趣味。如林嬿的"大唐荣耀系列"，整个系列采用了大量拟人的手法进行创作，让人感受到一把壶里包含了一个人物、一个故事、一段历史。

泥料上的色泽研究、造型上的突破表现、实用功能上的创新尝试也是当下制壶艺人们常常关注的问题，他们突破固有认知的束缚，追求泥料的新质感、绞泥的形似神韵、壶体的双盖设计、造型的拟态设计、多孔过滤的实用设计、系列化的产品设计等，不仅在实用性上提供更多的选择，强调功能性，同时符合当下生活与审美的特性。此外，老一辈制壶艺人肩负传承技艺的重任，也用各自的方式进行探索、创新，从自己擅长的领域进行突破，为潮州朱泥手拉壶市场增添光彩，力图打造更为丰富的壶艺世界。

第五节　现代设计观念下的探索

随着国家文化复兴战略的实施和文化产业的发展，文化遗产学逐渐引起学界的广泛关注。同时，在学科建设上，国务院学位委员会明确要求具备条件的高教科研机构聚焦非遗人才需求，结合自身学科专业优势，在相关一级学科或专业学位类别下设置"非物质文化遗产"方向，支持传承人参与教学，加强非遗师资培养等措施，切实推动了非遗人才的培养。潮州朱泥手拉壶的人才培养融入地方高校的举措响应了国家人才培养的战略目标，打破家族培养的传统模式，利用高校人才培养的模式和优势，设立"技与艺"双向发展的教学目标，为地方产业提供更多的新鲜血液。作为朱泥手拉壶技艺的老一辈传承人，他们技能基础扎实，实践经验丰富，对材料、工艺、程式的把握了然于胸，而现代设计教育的人才培养面向社会，面向用户，重视文化素养和创作思维，因而，两者互为补充，相互影响，对潮州朱泥手拉壶的人才培养和行业发展都有着重要的意义，同时也为其他非物质文化遗产项目传统技艺的传承、发展、活化提供了新的思路和方向。

自 2015 年 10 月以来，韩山师范学院手拉壶工作室每期招收 20 人左右，直至 2023 年培养超过 200 名学生，除本学院的艺术设计类学生对壶艺感兴趣外，还有经济管理学院、政法学院、历史文化学院、教育技术学院的学生加入工作室的壶艺学习中。随着学生培养人数的增多，该工作室为传承"朱泥手拉壶"这一非遗技艺打开了新的思路和方向，工作室同学制作的朱泥壶作品已成为学院对外交流的一张特殊名片。工作室教师队伍由学院教授，讲师，国家级、省级工艺美术大师及非遗传承人组合而成，积极对地方壶艺产业开展调研工作，深入壶艺行业以便形成系统性的壶艺制作流程和知识体系（见图 2 - 9 至图 2 - 14），引入设计教育的理念和方式辅助开展培训工作，收集创新壶艺案例，总结教学及壶艺制作经验，出版专业相关理论及实践著作。手拉壶工作室采用业余开放、全天候开放及假期开放强化培训三种形式展开培训工作，在工作室培训模式上，经过几年的沉淀已经形成一套有效的培养模式——以师带徒、以老带新、以传助带的三层阶梯式，同时对学生开展系统性的理论知识与实践知识相结合的现代教育模式。此外，工作室秉承传统的教书育人理念，坚持在非遗传承上，学生不仅在技艺方面得以发展，还突出学生的思想教育及创新性启发，力求学生不仅能够追求有形的技艺，还要在无形中发展自我，即做人做事的修养提升、工匠精神及创新性思维的提升。工作室重点围绕"壶型创新"，从材料、工艺、技艺等方面出发，开展设计创新方案征集，突出创意创新，突破了朱泥壶用料单一、造型守旧、缺乏创新的发展瓶颈，促进了技艺的传承和创新，形成实践研究成果。因此，在陈卢鹏教授、唐春燕老师、罗英煌老师的带领下，工作室整体成效显著（见图2-14至图2-17），学生的朱泥壶专业素养、动手能力和创新能力通过参加各类比赛得以验证，如代表韩山师范学院首次参加全国大学生艺术展演（工作坊类）获省级二等奖、全国三等奖。另外，学生创作的朱泥壶多次获得国家级、省级创新性比赛金银铜奖，并将其创新成果转化于行业，被潮州市中国瓷都陈列馆收藏。

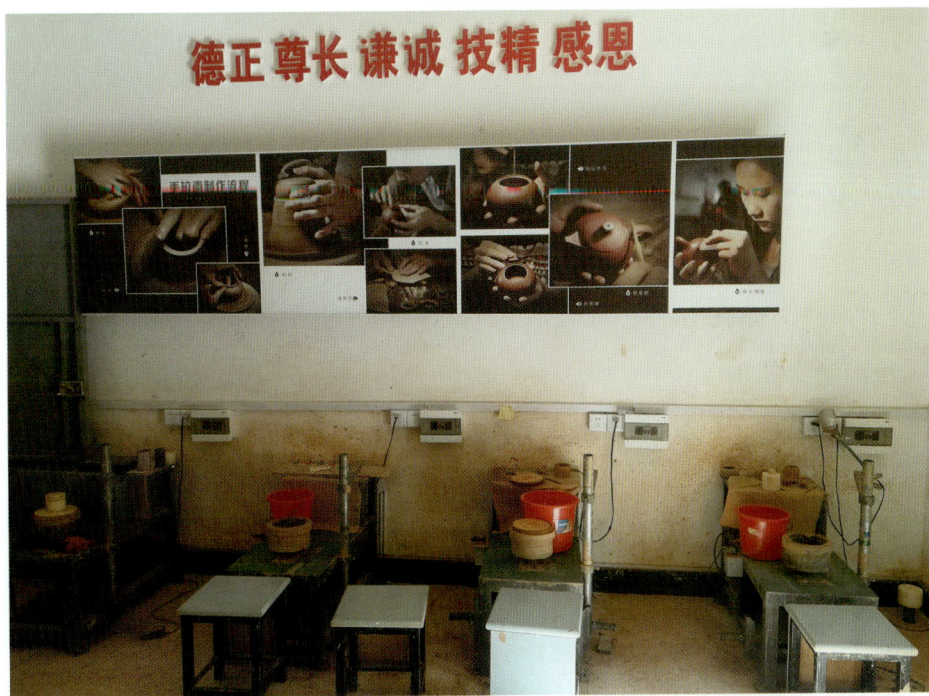

图2-9 手拉壶工作室之一

图 2-10　手拉壶工作室之二

图 2-11　手拉壶工作室日常教学活动之一

图 2 – 12　手拉壶工作室日常教学活动之二

图 2 – 13　手拉壶工作室教师探访当地壶艺工作室

图 2 – 14　手拉壶工作室教师到地方开展调研工作

图 2 – 15　手拉壶工作室师生代表参加第六届大学生艺术展演之一

图 2-16 手拉壶工作室师生代表参加第六届大学生艺术展演之二

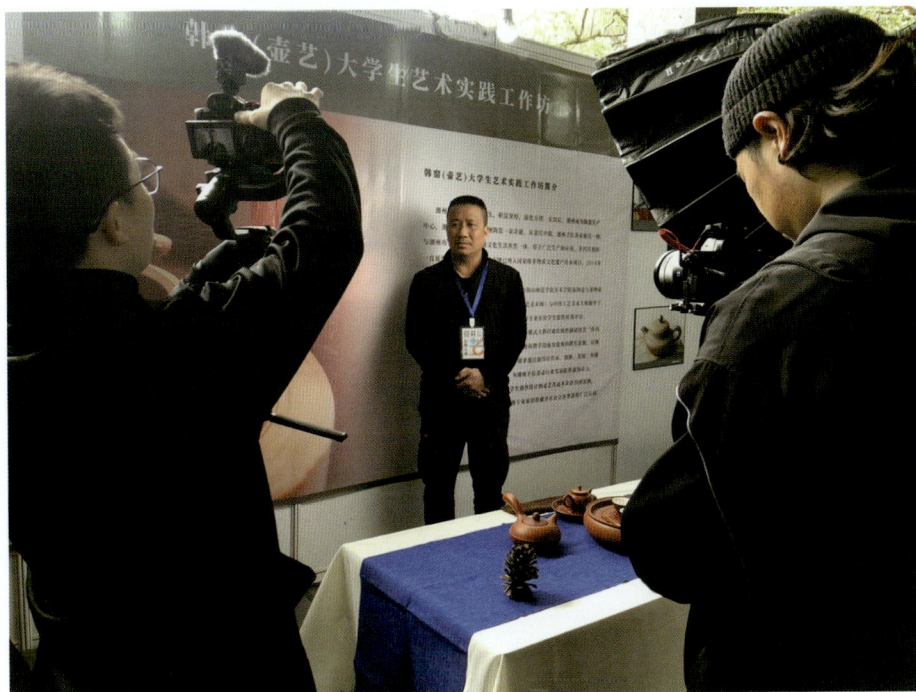

图 2-17 手拉壶工作室创办人陈卢鹏教授接受媒体记者采访

第六节　协同办学下的学生优秀作品

图 2-18　刘晓敏《红桃粿》（指导老师：陈卢鹏）

图 2-19　周乐云《行云壶》（指导老师：陈卢鹏）

图 2 – 20　林浩滨《悟》（指导老师：陈卢鹏）

图 2 – 21　章锦权《吉》（指导老师：陈卢鹏）

图 2－22　林小浩《静茗》（指导老师：陈卢鹏）

图 2－23　林海奇《韩园钟壶》（指导老师：陈卢鹏）

图 2 - 24　方壮青《侧把》（指导老师：陈卢鹏）

图 2 - 25　林海奇《善上三足》（指导老师：陈卢鹏）

图 2 - 30　胡凯帆《年华》（指导老师：陈卢鹏）

图 2 - 31　林小路《葫芦者，福禄也》（指导老师：陈卢鹏）

图 2-32　邓嘉欣《鼓·心》（指导老师：陈卢鹏）

图 2-33　赖志贤《驼铃声声》（指导老师：陈卢鹏）

图 2 – 34　陈锦瑶《燃》（指导老师：陈卢鹏）

图 2 – 35　郑润桐《松鹤祥瑞》（指导老师：陈卢鹏）

第三章

潮州朱泥手拉壶的工艺特色

第一节　潮州朱泥手拉壶的艺术特色

技艺的美其实包含着两个层次的内容：一是器物内在功能的合乎目的性的美，即善的伦理的美；二是器物功能所体现出来的外在形式美。① 潮州朱泥手拉壶所呈现的泥料特点、手拉坯技艺通过色、形打动人，潮州制壶艺人们通过合理的、合乎目的性的工具运用，结合自身的造物情致和工艺技术将各个部分合理地、宜用地转化为日常器物。

一、泥料特点

潮州朱泥手拉壶的出现必然是与独特的地域空间特性及文化特性相互影响而产生的结果，紫砂茶器与饮茶习俗的联结孕育了适合发挥本地区茶叶茶香滋味的小而精的器型。根据出土实物推算，潮州在唐代已有茶具，当时的茶具多为青釉茶碗，色泽大多青中泛白或略黄，传递着质朴无华的美。到了宋代，根据出土的文物来看，色泽多了一些变化，除了青釉，还有褐釉窑变，器型大多受当时饮茶方式和文化的影响，部分有刻花装饰。明至清中期的潮州茶具除了用瓷土烧制，还创烧了潮州朱泥手拉壶。此时用朱泥烧制的既有粗陶素烧的大型器物砂锅，也有细陶薄胎的小型器物茶壶，部分还施褐釉，用了"上土水"等装饰技艺。其中在明代墓葬出土的细陶茶壶构件被认定为早期潮州朱泥手拉壶泥料的历史凭证之一，也是

---

① 王丰丰：《孟臣壶的诗文款识艺术探究》，《漳州职业技术学院学报》2013 年第 2 期。

推断潮州朱泥手拉壶应始于明末枫溪潮州窑的凭证。可见，泥料不仅可作为当代壶艺审美的追求，还可以追溯历史，作为史料依据。

潮州朱泥手拉壶早期使用的泥料其实来自潮州陈桥一带的田土，是细泥和精沙的混合物，因其收缩率高，直接使用容易变形，后加入硅石提高其含砂量，提高了产品的烧成率。为了制作更精致的小壶，制壶艺人开始研究更适用于制作茶壶的泥料，其中产于莲云山的牛肝石和青麻山的青麻石被挖掘运用，制作时将黏土、山石、风化石等原料进行多次配比，力求细泥和精沙的混合物能够充分发挥"朱泥"的特点，其黏性、可塑性、干坯撑力等方面都可媲美宜兴紫砂，显示出潮州特有的"朱泥"色泽（见图3-1、图3-2）。在开采的原矿石中清晰地敞露着朱红的痕迹。朱泥属高岭土，呈土黄色，含极高的氧化铁，对朱泥而言，除了"泥"本身的物理性特征被予以善用外，材料本身固有的色泽、质地也构成了"壶"这一器物的形式美感，正如日本收藏家奥玄宝在其紫砂专著《茗壶图录》中提道的："泥色之辨，洵难矣！每壶各异，譬犹天文之灿然，不可得而名状也。"在《说文解字》中，"朱"字字形的来由与一种树心为红色的松柏之木有关，其字义为大红色，也可理解为"朱砂"。因此，朱泥即朱砂泥。当然，朱泥是紫砂泥料中的一种，用朱泥烧制出来的红，亦可称为"朱砂红"。潮州朱泥手拉壶成色大多为朱砂红，但有部分红中带紫或红中略黄，在本书中暂且称为"朱砂紫""朱砂黄"。"朱砂"的概念也较为符合中国传统色彩观念，既保有红色的物理性，又含有中国传统文化中对"红"的情感映射和心理写照。

不少紫砂收藏艺术爱好者都非常追捧朱泥壶，认为朱泥的泥色之美，是紫砂之上演绎的中国绝色——中国红，从朱红、绯红到绛红。不管是清朝乾隆年间的《朱泥万寿壶》还是陈鸣远的《杨中讷制朱泥丁卯壶》抑或是顾景舟的《矮石瓢器》，都见证了朱有浓淡、朱中撒金的华贵之感，富有红亮灵动的美学之意。以此来看，潮州朱泥壶的色泽之美，仍需探寻古韵文风，使之承载更为悠远的色泽意境。

　　当然，潮州朱泥手拉壶的"红"并不能囊括所有的观念意义，但对色的微妙变化的追求与体悟是耐人寻味、经得起推敲的，否则就不会出现顾景舟、徐秀棠在《宜兴紫砂工艺陶》一文中提及的"朱有浓淡""红而不嫣""颜色朱红，艳而不俗"的形容了。

图3-1　朱泥原料（摄于潮州市颐陶轩潮州窑博物馆）

图 3 - 2　原矿石——牛肝石（摄于潮州市颐陶轩潮州窑博物馆）

　　潮州朱泥手拉壶作为潮州普罗大众生活中的饮茶器具，具有一定的实用性与适用性，曾被称为"土罐"，因当时技艺不够娴熟，壶胎质粗松、壶体偏厚，缺乏光泽，仅仅作为一般民用器具使用。随着商业贸易往来的增多，潮州朱泥手拉壶的需求量也不断增加，为了提升产品的质感，对壶料的要求也更为讲究，制壶艺人将原始泥料调砂形成具有颗粒感的砂泥，壶体变得较薄而密，有颗粒感，但仍采用"上土水"的技艺，即利用含铁量较高的土浆作为装饰土水，使器物表面平整光滑，呈现细微的颗粒感，最后经过约 1 100℃的高温烧制，呈现出有质感的朱红色调。泥料的调制技艺各家都有自己的独门秘籍，制泥手法虽延续至今，但广大制壶艺人仍孜孜不倦地对泥料进行深入的创新探索，如图 3 - 3 所示，制壶老字号"安顺"传承了几十年甚至上百年的泥料陈腐技艺，能够制作并呈现出不同色泽与质感的壶体。此外，潮州市谢华陶艺中心采用高风化石制泥并提出"石中取泥"的工艺流程和技术规范①，还有新一代年轻制壶艺人张泽锋探索尝试的绞泥技艺等，不仅需要熟悉紫砂材料及成分，考虑采泥区域、制泥技巧、陈腐时长、气候影响等问题，也要从技艺角度出发考虑泥料因配比不同影响团粒结构特征和收缩率等问题，进而影响壶体成型技术等方面，最后还需要从实用性方面考虑制成之后壶的透气性、吸水性、保温性、保鲜性。

图 3-3 老"安顺"泥料对比图

现当代制壶采用的朱泥原料是当地的黏土，经过选料调配、淘洗、陈放、炼泥等多道制泥程序后制成胚体。据国家级非遗传承人谢华大师介绍，泥料中的含铁量是紫砂质量的重要评判标准之一，因此他曾对一千多种泥料进行化验，在一次又一次的数据检测报告中找到了一种含铁量超 20% 的朱泥，带动了潮州手拉壶泥料品质的提升。此外，朱泥还具有可塑性好、生坯柔韧、干燥收缩性小等工

---

① 谢思博：《潮州手拉朱泥壶杂谈——泥料创新》，《陶瓷科学与艺术》2016 年第 6 期，第 30 页。

艺性能。随着制壶行业的不断发展，泥料可采用当地风化石，如国家级制壶大师提过的潮州青龙山风化石；也可与陈腐多年的泥料进行调配；还可采用宜兴泥料和本地泥料相融合的方式进行制作。不管采用什么方式调配，潮州朱泥手拉壶最终都呈现出色泽纯和尔雅，质地细腻坚实，颗粒结构较瓷器疏朗，具有一定的吸水性和透水性，保温性能好，泡茶不失原味、香气醇厚等特点。因此，"石中取泥"的泥料创新不仅发挥和突出了茶的滋味，更在实用与把玩、功能与审美方面把潮州朱泥手拉壶推向更为广阔的品鉴之路。依托并得益于紫砂壶文化的潮州朱泥手拉壶在追寻沉稳典雅的审美取向上融合潮州地域文化，并多了一分岭南的精巧，多了一分潮州的精细。这把小壶的红好似南方的潮热，默默见证着忙碌的潮州人轻轻夹起润泽有光并裹着朱砂红点的凤凰单丛，当茗茶被缓缓放入温润儒雅的壶中，当清澈黄亮的凤凰单丛茶汤从弯流中滑入杯中，那一声"吃茶"（潮州话"喝茶"的意思）便是最富盛情的饮茶文化，那一口茶香饱含着潮州人的恋茶情怀。

二、技艺特色

当代制壶艺人经过长期实践，在继承传统制壶技艺的基础上不断探索创新，不仅在泥料的选择上进行突破，还在手拉坯技艺方面追求细节、讲究分寸、考虑实用性与审美，制成的壶形态圆润饱满，小巧精致。经过几百年漫长的发展，潮州朱泥手拉壶从一个借鉴外来工艺成长的新生者，在清中期逐步演变为潮州文化的一部分，在此过程中，壶体的变化虽以圆形为基础造型，但"圆非一相"是众多制壶艺人一生的制壶追求与造物准则。手拉坯技法采用古老的手拉成型制法，将泥料自下而上、由里及外拉伸，或快或慢，或直线上提，或弧线调形，在旋转中造就了风格各异的"圆形壶坯"。传统手拉壶从市场需求和实用适用的角度出发，造型大多为水平壶、梨形壶、文旦壶、扁灯壶。在坯体拉制和泥料旋转的过程中，两只手指捏合的距离和角度决定了坯体的厚薄程度。制壶艺人们一次成型的手拉坯技艺在重复中把握盖沿、口沿与壶体的尺寸，考虑使其在烧制后仍然保持良好的密合程度，一如紫砂界盛传的一句话："宁做三把壶，不配一个盖。"以制作速度来看，制作速度较慢的紫砂手拍成型技艺都这般看待壶身与壶盖之间的关系，更何况是速度较快的轮制手拉坯技艺，其对制作技巧和工艺的要求更高，壶体与壶盖之间的尺寸关系更为精密

图3-4　近代壶盖薄厚区别图（摄于潮州市颐陶轩潮州窑博物馆）

严格，这也突显了潮州朱泥手拉壶在技艺追求方面"精微细致"的特点。从小处着眼，壶体弧线凸出处薄，壶底处厚，是为考虑茶叶的冲泡空间；壶盖的口沿处薄，接近顶部处厚，是为考虑使用与密合程度（见图3-4）。从整体上而言，坯体的薄厚程度演化成了两种不同的方式：一是薄胎朱泥。潮州手拉壶世家都乐于拉制此类茶壶，以表现制壶的能力与技艺。他们制作的器物胎质薄，烧成后呈现光泽亮丽温润的朱红色，可以用薄、巧、精密来概括（见图3-5）。二是厚胎朱泥。泥料为调砂朱泥，胎质浑厚，拉坯时考虑突出泥料特点的造型或壶型，烧成后器表具有砂质感，追求较为稳重内敛的视觉感受（见图3-6）。

　　此外，制壶艺人们还不断注入新技艺、新元素，制作具有创新性的壶艺产品，形成新的工艺特色，丰富审美感受。如泥料的调配技艺延伸出绞泥壶的设计制作，将两种或两种以上不同色彩的朱泥绞在一起，形成不同的规则图案，丰富了观壶赏壶的视觉体验，除了传统云纹、水纹、旋纹的绞泥壶艺创作（见图3-8），也有一些年轻的制壶艺人尝试创新的方式和效果。比如百年老字号"裕德堂"第五代传人张泽锋通过观察生活，体味绞泥韵味，经过近两年的创作和实验，创作出了具有黄花梨木纹特色的《海黄之韵》，极具观赏价值。

图3-8　当代；"吴瑞全"款绞泥工夫茶具；茶船高7.5厘米、口径20.5厘米、底径19厘米

　　手拉坯技艺作为手工艺的一个延伸，它体现的不仅是工艺的变化，更多的是在操作具体的技艺时，手的动作、手和物体的接触，会产生一系列触的、压的、温度的和动觉的刺激。手的动作的工艺目的是明确的，强调适宜冲泡当地茶叶，考虑实用性和审美风尚，围绕小壶的制作训练、扎实的基本功训练，将材料、工具、技巧协调起来，形成一定的有步骤和程序的动作范式。比如搓壶把、壶嘴

的程序中需先切出具有一定尺度和重量的泥料，而在安装壶把、壶嘴的过程中，必须先备壶坯、补泥、量尺等，这些技术动作不是孤立的，而是存在着密切的衔接关系，动作的细微变化直接决定着壶的品质。

潮州朱泥手拉壶强调"工有巧"和技艺特色，手对泥料的精微感知、手势角度的细微变化、手捏合的细微尺度都影响着壶坯的厚度与形式，有种"多一分则太厚，少一分则太薄"的微妙差别。同时因为潮州朱泥手拉壶的壶坯和壶盖都是通过手拉形式塑造的，在制作和组接的过程中要做到处处心细，每个步骤对力道的控制及运用都力求减少变形的可能性，而它们之间的衔接程度和严密程度也考验着制壶艺人的技艺，即便是同一款壶型，壶身和壶盖也不能通用，具有独一无二的特性。如图3-9所示，是潮州壶艺新秀林嬿的作品《凤凰台》，其壶型创意相同，但并非一模一样，它们造型的比例、细节的处理略有不同，造成了壶身和壶盖并不能通用互换，并不像工业流水线生产的产品那样完全一致，反而充分体现因手工制作而呈现的独一无二的魅力，是为"工有巧"的力证。在制壶的过程中，潮州制壶艺人们常用"心水"二字形容制壶时的心态和心境，认为制壶也是一种感性的技艺，泥料的触感、工具使用的舒适感、手势的空间感和方向感、动作的协调感和运动感等都会因制壶艺人的构思、心境乃至周边的环境而变得不同，这造就了即使是同一款壶型，但其细节、气度和风范仍有所不同的有趣现象。作为器物的创造，潮州手拉壶不仅是不同材料、不同工艺的视觉语言变化，还体现着制壶艺人的造物观念、工艺思想和审美意念等。潮州国家工艺美术大师谢华讲道："有些工艺品，设计师会提前设计好所有的线条与变化，看起来很复杂，但其实不耐看，一把好的茶壶，你任何时候去看它都会很漂亮，能够回味，弗有味而意不尽，这个境界太难了。"因此，作为现代的制壶艺人，除了要学习传统的技艺，还需要重视文化素养、审美素养等的提升，正如谢华大师在创办明德园时所引用的儒学经典《礼记·大学》中的名言"大学之道,在明明德,在亲民,在止于至善"这般,他希望新时代的制壶艺人除了追求更高的技艺,也应追求更为高尚的道德情怀。

图3-9 同一壶型因"心水"不同其形态也略有不同,造成了独一无二的特点

三、工具运用

潮州朱泥手拉壶除了突出材料选择、重视手拉坯技艺制作及运用之外,工具作为手拉坯技艺的延伸,在遵从"器利善事、物尽其用"的原则上,其使用能进一步体现"工有巧"的技艺特征。潮州朱泥手拉壶的制作工具一开始较为简单,如利用木轮或石轮制作的辘轳车(辘轳)(见图3-10),以制壶艺人的人力作为动力,控制辘轳车旋转的频率,利用旋转的惯性来实现拉坯成型,也用于制作

壶身、壶盖及修坯。在切割泥料时,利用"土工"(潮州话俗语"割泥刀"的意思);在修坯时,利用修坯工具刀头弯曲的特点——呈"7"字形来修整壶坯,也可利用当地"竹篾工具"进行坯体修整,同时依靠竹篾来进行衡量与比对。在制壶艺人不断摸索和使用工具的过程中,随着技艺的不断提升与发展,逐渐演化出一批更适于体现当地制壶技艺特点的工具,比如测量工具的运用、明针修坯工具的当地化、挖嘴工具的改进等,一把壶的制作大约需要几十件甚至是上百件工具。按照制壶的流程可将工具基本分为五大类:一是基础工具类,如基本的工作台、石膏板、喷水壶、保湿箱等;二是成型工具,如拉坯机、圭尺、鳕鲅刀(切泥刀)、小铜管、挖嘴刀等;三是整形工具,如木鸡子(规整圆口)、独果子、勒只、砑只、线梗(修坯工具)等;四是抛光工具,如牛角或塑料制成的薄片,细软、光洁的皮毛布等;五是装饰或烧制所需的工具(见图3–11至图3–15)。

图3-10　辘轳车(转引于《潮州手拉壶教程》)

图 3 - 11　拉坯机

图 3 - 12　修坯机

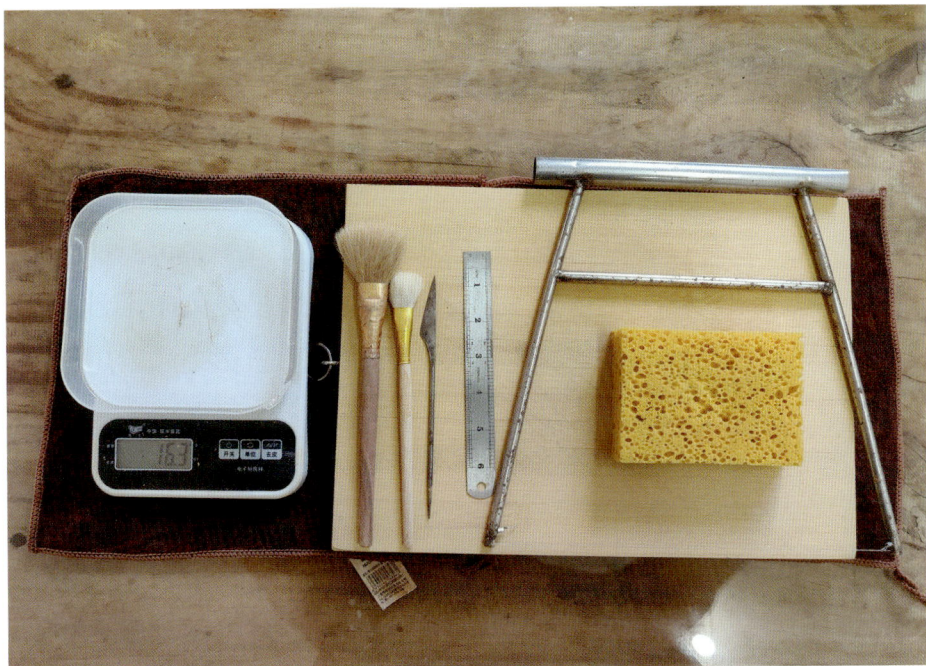

图 3 – 13　成型辅助工具

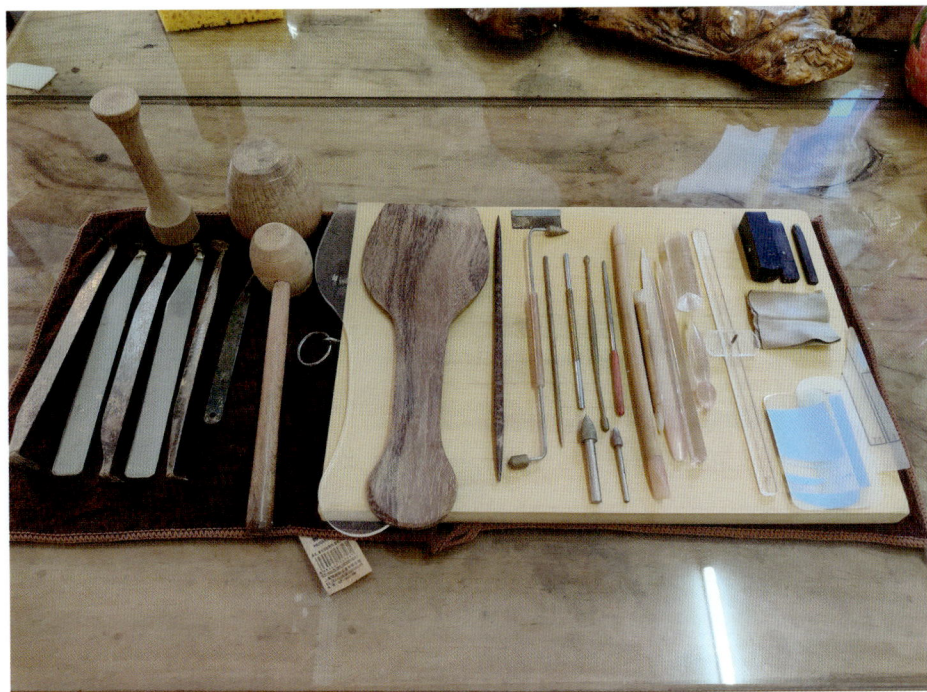

图 3 – 14　部分制作工具：拉坯工具、精修工具、打磨工具等

图 3 - 15　窑炉（电脑）

　　此外，这些工具也有着丰富的层次性，同一材料和型制的工具可分为大、中、小号，其厚薄软硬皆有不同。在材料层次上，同一款造型的工具可为牛角、木材、金属或有机玻璃等；在造型层次上，有些是平头处理，有些是弯头处理，有些经过"泡水受潮"处理，有些需要泡水软化后使用，有些经过"老艺人的特殊技艺"的修整。经过长期的应用，制壶工具逐渐演变出合理的形式结构，并且因人而异，每位制壶艺人因创作理念、制壶技艺手法的不同会产生不同的制壶工具。但是对于手拉坯技艺，制壶艺人要对工具的制作和使用要领精益求精，除了精进制壶技艺，也需要学习和培养在使用工具、制作工具方面的技能，才能逐渐形成独有的见解与独特的功夫，如紫砂界制壶大师顾景舟先生在工具上有着严格要求和独到见解，特别是"专款专用""好用的工具也是美的"等观点依旧值得今天的制壶艺人深思和学习。对本土老字号"安顺"的继承人章燕城大师来说，工具的运用一定是建立在经验的基础上，比如修坯工具（见图 3 - 16）不能过于光滑，否则会影响修坯过程中的力道控制。竹篾做的"线梗"要修之再修，经过老艺人的"特殊修整"，将厚度3毫米左右的竹篾削至仅有1毫米左右，使其变得柔软，易于贴合壶坯外形。对年轻制壶艺人来说，通过工具的使用，追求丰富的视觉效果，表现精细的高超技艺是一种挑战。"源兴"号第六代传承人吴晗哲利用当代制壶工具在壶体表面"生成"复杂的纹理，造出繁复趣味的装饰线条，形成强烈的视觉效果。

　　总的说来，工具的制作需要制壶艺人有严谨认真、精益求精的精神，不同的器型变化依靠不同的制作工具，工具的使用可以好用又好看为追求，从而使制壶技艺能够更为精湛。

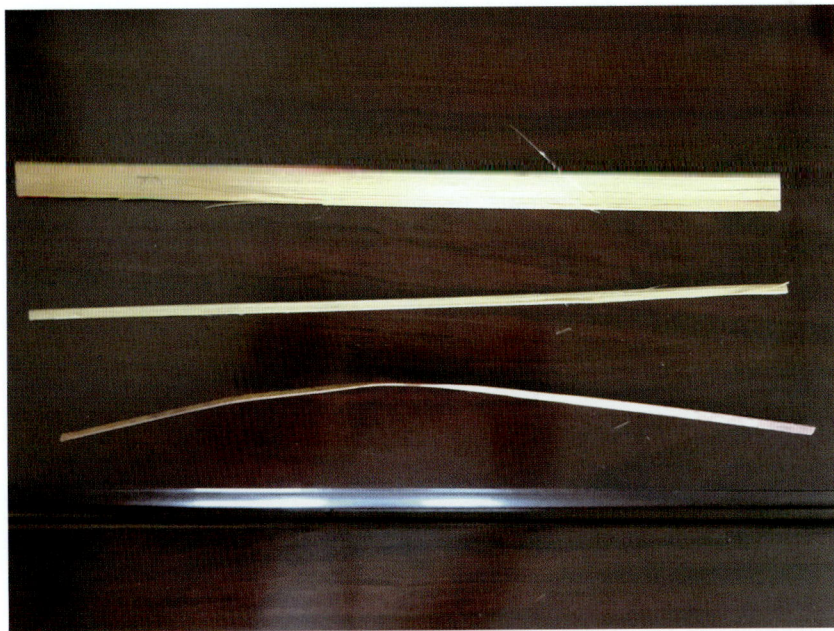

图3-16　老字号"安顺"制壶大师所用的修坯工具：竹篾做的线梗

四、造物情致

　　茶壶虽大都为朱泥制成，但因选料不同、手艺技艺不同，成就了各式各样的器物。作为日常用品的茶壶，在命名上便可看出制壶艺人的创作初衷或创作理念。

古时茶具多为民间生活用品，古人在为茶编著立书时不免谈及与之相关的器具，这些器具的名称妙趣横生、富有意味，既有突出功能的拟人化名号，也有体现使用者身份或感悟的称呼，还有很多隐含着文人墨客看待世事的深意。如宋代的一种风炉，作为煮茶器具，每日要经受火焰炼制且部分由毛竹制成，被宋人形象地称为"苦节君"。另外，古代文人认为品茶即品茗，一苦二甜三回甘的品茶过程，犹如寒冬后将希望都注入即将到来的春天一样，故泡茶的茶壶也被称为"注春壶"。到了明代，《阳羡茗壶系》《茗壶图录》等古书中提及茶壶均离不开怀揣高超技艺的制壶大师，后人识壶、品壶皆离不开制壶大师之名，如紫砂茗器"供春壶""大彬壶""沈多梳""孟臣壶""曼生壶"。命名观念的变化一定程度上也体现了制壶技艺从民间实用的朴素器物观到追求艺术表现与个人风格的艺术表现观转化的问题。特别是近现代的壶艺名称，多从把玩器物的角度出发，提炼造型特色，引人联想，如顾景舟大师的《双线竹鼓壶》、徐汉棠大师的《龙宫宝灯》等。

从潮州窑出土的早期茶壶大多为点茶煮水的大型"执壶"，在蔡襄的《茶录》中被称为"汤瓶"。从这两个名称来看，均是从实用性角度出发，一是手"执"器物，二是与泡茶相关，使用茶文化术语"汤"。在后人编著的相关书籍中大多数从釉色、器型上对茶具进行命名，强调视觉感官与使用考量的部分，更具考古与材料特性，如青釉刻花茶盏、青釉瓜棱壶、青釉莲花盏托、黑釉长流曲柄壶等。对本地区的朱泥壶而言，在称呼上的区别亦见证了制壶艺人在制壶过程中对实用性和适用性的追求与考量。潮州朱泥手拉壶曾有"红罐""土罐""漆罐""砂罐"的别称。红罐、土罐因旧时制壶工艺、选料技艺尚不成熟，选用田地泥土制成，富含有机矿物质，烧制后器表呈现红色而得名，可见当时不论是制壶人还是使用人，都以"红"为吉为美的质朴的造物观。漆罐是因潮州朱泥手拉壶远销海外，既有紫砂器的优势，又更为便宜，善于经商的潮州人钻研出一套媲美紫砂光泽质感的技艺——上土水，壶坯在精修之后，浸泡"土水"，烧成后茶壶表面光亮如漆，故称漆罐。砂罐则体现了潮州人除了追求视觉上的温润光亮之美，还进一步考虑使用过程中的触摸质感，是对视觉和触觉审美的双重追求。砂罐是在田土中掺入风化石陈腐成泥，烧制后胎质致密，器表呈现颗粒状。水磨壶，受泰国制壶技艺的影响，运用现代水磨玉石的技巧，打造具有玉质光泽、追求壶体高亮的效果，满足了当代人追求视觉感官的体验感，也体现了当下社会张扬的美感追求（见图3-17）。

图3-17　运用现代工艺打磨表面的水磨壶（图左）和"上土水"工艺茶壶（图右）装饰效果的区别

当孟臣壶随着古人的马车辗转进入南国的潮州府城后，因器型小而精同时充分烘托了乌龙茶的茶香茶汤，很快融入当地的饮茶文化，出现了大批以"孟臣"二字为名的仿壶。随着茶壶需求量的不断加大，制壶艺人的手艺飞速提升，对善于思考、勤于技艺修炼的潮州人而言，如何更快更好地制作出与宜兴紫砂相媲美的茶壶使其更具物廉价美的特性，成为新的发展趋势，也由此延伸出各类适宜当地泡茶文化的小型壶。此时的创作意念多以生产和生计为主，以"家族品牌"淬炼制壶技艺，以品牌的影响力推动制壶行业发展。如早期的"吴孟臣"，在传世的作品中，印有"英兴"的号款，英指吴英武本人，兴指"源兴"号，那一时期的款印大多延续这种做法，将自家手艺与"品牌"意识通过署款体现。而后随着茗壶造型方面的创新，通过壶型命名可以突出制壶艺人的创作意念，如百年老字号"裕德堂"的第四代传人张瑞端大师认为：将茶壶融入文化很难，特别是手拉壶，基本上手拉壶都是圆形的，要融入文化，不能随便做一个茶壶取一个好听的名字。这个壶的名字要让人获得同感，要有共鸣，能引导或者让欣赏的人了解壶背后的故事。自 2007 年开始，张瑞端每年以传统文化十二生肖为主题设计制作生肖壶，2019 年的《聪者猪》以"聪者"二字饶有趣味地突破了人们对于"猪"的固有印象。此外，更多的制壶艺人以造型特色或造型韵味为壶命名，直接再现了创作的构思和主题表现，如章燕城大师的《太极》，通过绞泥、简化的太极动作、阴阳造型处理等形式再现创作意念；吴义永大师的《报晓壶》，结合造型和名字就能使人展开联想；赖通发老师的《鸣凤》、陈卢鹏老师的《乘风破浪》、杨建老师的《玛尼壶》、柯敏老师的《丹凤如意提梁》等通过命名就可大致了解制壶的创意与意念。

第二节　潮州朱泥手拉壶成型工艺范式

一、成型于心——壶型预想

制壶艺人经过长时间的积累，掌握了制壶的经验，会根据自己的习惯动手设计或改造制壶工具，使制壶技艺日趋成熟与精湛。在制壶初期，必须先对壶型有所构想，制壶艺人常常凭借自己多年的经验，在心中创作，构想完壶型以后，才坐到拉坯机前开始手拉壶创作。他们经过不停揉压泥团（见图 3 - 18），在拉坯机上拉制出心中所想的壶型坯体。

图 3 - 18 揉泥

二、成型于手——拉坯与修坯

打开拉坯机后，首先调试速度，将速度调至适当的转率，快速将泥团甩置在旋转的托盘上并使其紧贴石膏板，双手配合用力抱稳泥团，测定泥团的重心。再通过双手配合，不停地抱、挤、压、按、捏，将泥团里的气泡挤出。最后根据不同的手法、力度，通过手指的互相配合，逐步将泥团由下而上地拉、提，使泥团成为基本筒型。泥筒成型时，应注意"抱"的动作，测定泥团重心，同时抱稳泥团，不断调整，使之重心平稳。泥块随着双手用力程度及挤、压、捏、提的动作逐渐变高，之后双手配合用力向下按压，再结合指法，使泥块变成重心平稳均衡的泥筒。平稳泥筒重心是这一步骤的基本要求，也是最重要的要求，初学者要经过数次练习和体验以后，才能熟练操作。在调整好泥筒重心后，一只手的手指向下挤压泥筒，另一只手作为固定支架，当泥筒底部大小和预估壶型宽度大小相近时，再通过手指配合，通过挤、捏、提、拉等动作，均匀地将泥筒拉制到所需尺寸的高度。在此过程中，要特别注意不断检查修正泥筒筒壁的厚度，调整筒壁厚薄且保持匀整。拉制壶坯体过程中，尽量少加水，防止造成坯体收缩不均匀。塑形时，壶身内轮廓和外轮廓保持一致。通过拉坯手法塑造形体各异的坯体时，要注意坯体各部分的造型比例问题。由于手拉壶制作过程是一种圆周运动形式，其造型多以圆形为主，因此造型线条讲究流畅、有力。完成壶身坯体拉制以后，放入保湿箱进行保湿，其目的是保证在壶盖拉制完成后，壶体依然保持湿润，以此保证壶体和壶盖两者收缩率一致，确保后期具有良好的密封性。在完成壶体的一系列制作工艺后，再取出适宜的泥料，进行壶盖的制作。因壶盖相较于壶体显得小而浅，拉制手法上更为细腻、讲究，特别是壶盖的厚度、尺寸都需要与壶身坯体保持基本一致。在这一过程中，坯体成型完全依靠手的技艺，应先以熟能生巧为制壶之目标，之后才能体味坯体上饶有意味的手作痕迹。

拉坯完成以后，就要进行修坯。修坯时所用的工具一般都会根据制壶艺人的制壶习惯和经验打磨完善。修坯分为两个步骤：第一，要控制好整个壶身的厚度，厚薄要均匀。壶坯外面要修平整，不能有凹凸面，修出的造型线条要流畅，壶身内外轮廓、弧度要保持一致。第二，要结合壶身修盖面和盖钮，先进行壶墙修整，再进行盖面及盖钮修整，保证壶身、壶盖合缝紧密。（见图3-19至图3-21）

图 3 - 19　拉坯

图 3 - 20　成型

图 3 – 21　修坯

三、成型于技——构件的结构秩序

完成修坯以后，手拉壶的大体形态已基本定型，而一把壶的韵味和意趣，除了取决于壶整体的形态，还包括各部件的构造和细节的点缀。如壶把、壶嘴，壶把的制作是先揪一团泥料，并使用"专用"的木板或有机玻璃把泥料搓成圆条状，再根据壶体造型和实用功能，盘出适宜的弧度。壶嘴则是借用特制的工具在制作案板上搓出中空的造型，并调节成需要的造型。注意壶把和壶嘴粗细要适中、顺滑，弧度自然弯曲。制完之后，要将壶把、壶嘴与壶体安装在一起，安装之前应先用特制工具钻出水孔，注意力度保持均衡，工具拿捏要稳和慢，这样处理的水孔才能整齐、大小均匀；然后用刀片刮除水孔的泥渣，利用特制工具——"独果"清洁水孔，使得水孔干净整洁。在安装的过程当中，需要进行补泥，补泥很考验制壶艺人的眼力及艺术审美能力，通过仔细观察壶型，判断适合的安装部位。造型上追求视觉美感，功能上要考虑是否影响出水、使用是否合理。在安装前后应多观察、调整、审视壶身，同时正确使用辅助工具找到位置，确保壶嘴、壶钮、壶把三点一线。上述工序完成后要明针精修，即运用特制工具"胶片"进行压光。明针精修处理壶身时，把握压光的力度并控制好湿度，需要多次观察壶坯和其他部件的干湿程度，以便在组装时做到干湿适宜，切忌太干或太湿，不能出现断续、裂纹、接不上的现象，注意面与面的衔接，以保证组接顺畅。在明针精修阶段，需要与补泥技巧来回调整，直至达到壶身光泽圆润、线条流畅的目的。（见图3-22至图3-27）

图3-22 安顶

图 3 - 23　搓把

图 3 - 24　钻孔

图 3 - 25 安装

图 3 - 26 补泥

图 3 - 27　走明针

四、成型于火——烧制

　　制作完的手拉壶坯体，在壶坯的干燥环节，为了保证壶体的整体协调，壶身壁厚增加与壶把实粗增加的倍率是不同的，也就是说，壶壁干燥要快于壶把干燥。制壶艺人凭经验感觉壶坯已经干燥到位的时候，其实壶把的实心部位含水率还很高，这样壶坯贸然入窑，在相同的窑温下，壶把与壶身的结合部位便产生不同的收缩反应，导致结构脱落。因此，干燥环节需要延长壶坯自然阴干的时间，让其自然排出水分，不能把坯体直接搬到太阳底下晒，也不能直接放到推板窑顶上烘。坯体要进行两次烧制，第一次温度较低，为素烧（温度在 900℃ 左右），素烧完的素坯体要进行检查整理，着重注意壶盖与壶体的紧密度，必要时可先用隔离粉把壶口、壶身隔开，以免烧制时发生粘连。在素烧后，可用金刚砂打磨壶盖与壶身，使其外观造型自然平整，更为重要的是使两者拥有良好的密封性。磨合时，注意用力均匀，避免损伤壶盖或壶身。然后进行第二次高温烧制成型，温度高低的设定因泥料的不同而定（温度在 1 100°C ~ 1 200°C）。（见图 3 – 28 至图 3 – 30）

入窑的摆放也很关键，特别是有些制壶艺人为了追求窑变的效果，在烧造上，可以使用传统的龙窑烧制，也可以使用智能控制的电窑烧制。烧制过程中，入窑的位置摆放需要考虑器型和预见效果。总之，烧制是朱泥壶的另一种"新生"，呈现一种"历练"的美。

开窑操作不当极易功亏一篑。烧成后的壶温度下降速度慢，也极不均匀。毕竟壶的各个部位的厚实度相差很大，要让其有一个相互适应、自然冷却的过程。一般说来，关上电门，停止加温，让壶在高温保温状态下慢慢自然降温，待冷却到一定的温度，慢慢开窑。这样做，能最大限度避免壶体出现"惊破"（由于快速冷却而造成陶器出现裂纹）或爆裂，提高成品率。

图 3 – 28　烧制之前

图 3 – 29　第一次素烧

图 3 – 30　第二次入窑烧制

第三节 潮州朱泥手拉壶工艺造物内涵

一、实用与技术的统一

关于"孟臣壶"流入潮州除了有史料记载为事实依据外，在民间也有一段有趣的故事。清代中期以前，潮州人最喜爱从宜兴流入的茶壶，民间有不少仿制宜兴孟臣壶的茶壶。在枫溪洪洲寮，住着一位姓吴的老师傅，专门制作潮州的工夫茶冲罐。每次制作出一个冲罐，他就会在罐底印上"孟臣"二字，仿用宜兴孟臣壶的名头。吴师傅制作的冲罐款式好看，釉面光润，壶嘴、壶钮、壶把三点一线，把制好的壶倒扣在水面，不会倾斜、跑气和进水，冲茶时出水顺畅，不留半滴茶水。因此，他制作的冲罐在潮州越来越有名，日子一久，人们干脆就管他叫"吴孟臣"。

吴师傅有个怪癖。他的冲罐向来不多做，也不多卖。每月只做两个，而且只售一个，另一个放在后院的井里。有一次，一个外地人寻上门来，吴师傅刚好不在家。他妻子见对方出了好价钱，就从井里捞出十个冲罐卖给他。那个人正把冲罐一个个放进布袋中时，吴师傅回来了。他也没作声，静静蹲在地上，摸出买主的一个个冲罐，嘴里说着："这个是废品，没用！"说一句摔一个，地上一下子就堆满了碎片，外地人苦苦哀求，吴师傅才留给他一个。

外地人走了后，妻子看着地上的碎片大哭，骂吴师傅："到手的龙银不要，宁愿打碎也不卖，嫁给你真是要一辈子凄惨。"

"你懂什么！"吴师傅生气地说，"一天卖十个，不用三天，就要关铺门了。多售必贱！这些年来我每卖出一个冲罐，我就在井里放一个，现在已经藏了几十个，等我百年之后，你就凭着井里的冲罐过日子了，我也走得安心。"妻子这才明白，原来吴师傅是在给家人留下财产，而且冲罐长年浸泡在井里，能褪却坯体火气，泡出来的茶会更香更醇，冲罐也会变得更值钱。这段民间故事不仅道出孟臣壶在潮州深受欢迎，而且指出受地域文化的影响，茶壶在潮州被俗称为"冲罐"。仅"冲"一字，便可知晓制壶艺人深知本地乌龙茶快进快出仅三秒的特点，此外，要使得流水"冲"入茶杯中，必然要控制好壶嘴造型以及壶嘴、壶耳、壶身的比例。而吴师傅将茶壶泡于井水的做法更是让众人知晓品壶养壶的玄机。

随着生活水平的不断提高，买壶人不仅会考虑茶壶的实用功能，也会考虑背后隐藏的通过制壶技艺所传递出来的美感、质感等因素。因此，实用与技术的统一是潮州朱泥手拉壶自发展以来较为重视的特点。根据当地的材料，转化制作"小壶"造型的技艺，适合当地乌龙茶的特色，追求实用与技术的统一，其具体体现在以下几方面：

①以最为经典的水平壶为例（见图3-31），之所以取名为水平壶，是因为壶嘴、壶身、壶把处在一条水平线上，这样的巧思是为了在冲茶时让水流流畅，控制水流的速度。②在器型的容量上，制壶艺人也讲究内置的空间容量，一般一壶可以装下三个茶杯的水量，这是源于潮州人的品茶文化，也是潮州工夫茶最好的品茶人数，取"天、地、人"之意——"一个杯对准主人，另两个杯对准客人。"因此，在设计壶型时也会考虑壶的容量与茶杯容量、茶杯个数之间的关系，一把壶要搭配几个茶杯也是制壶艺人需要去考量的。③在壶盖的设计上，会考虑保留上方的空间，这样一来，在泡茶的时候，茶香在壶内流动，能够保留潮州茶的清香。④在壶把的设计上，充分考虑倒茶时的人体工程学，以水平壶为例，壶把形成的空间适合一个手指伸入持握，倒茶时手抬高也较为省力，同时水流也与倒茶的动作一气呵成，形成完美的曲线。⑤在盖顶的设计上，追求小巧精致、造型富有变化。它是控制流水出气的小机关，亦可看作整把

壶的点睛之笔，制壶艺人常常赋予盖顶一定的寓意；同时，盖顶的设计也符合人体工程学，小巧的造型便于人用手取拿，还不烫手。

图 3-31　水平壶（图转引于微信平台公众号"明德园"）

因此，以现代设计学角度分析潮州朱泥手拉壶，其不仅考虑到"以人为本"的实用性，还在技术设计层面予以重视。许多制壶艺人在制壶过程中，会运用测量、比较等方式来衡量壶体的造型，考虑泥浆浓度、泥料配比度、容量、出水速度、气孔、组接时的干湿度、烧制收缩率和成品率等问题。如谢华大师最为"心水"的容量为150～190毫升的明德壶，该壶挑战了极品朱泥高达30%的极致收缩率，在壶的造型方面谢华大师实验了数百种线条弧度，精确到0.2毫米，经过12 000天，试制100多把，8个月的时间，亲自试验，反复修改，最后才有今日这把明德壶。这些数据信息见证了制壶大师在制壶时，不仅考量了实用性，更在制壶技术方面用理性科学的研究态度对待制壶工艺，这才创造出独具地方特色的潮州朱泥手拉壶（见图 3-32、图 3-33）。

图 3 - 32 明德壶（图转引于微信平台公众号"潮州手拉朱泥壶推广中心"）

图 3 - 33 明德壶收缩率（图转引于微信平台公众号"潮州手拉朱泥壶推广中心"）

二、审美与工艺的权衡

传统的潮州朱泥手拉壶考虑实用性和市场需求，在工艺方面，从泥料选择、陈腐工艺到"上土水"的装饰，再到对"砂质"颗粒感的追求等，在凸显壶体温润感的同时，也深入考虑如何更好地发挥本地乌龙茶的优势，在服务于本地民众生活需求的同时，也迎合海外的市场需求。民国时期受海外侨胞的影响，潮州茶壶市场孕育了家族品牌化的商业模式，也在一定程度上提升了工艺质量，毕竟经过了市场的洗礼，潮州朱泥手拉壶的知名度享誉海外。中华人民共和国成立前后直至全国推行计划经济，受工业化进程的影响，潮州开始学习并使用注浆工艺，此时的潮州朱泥手拉壶在产量上得以提升，但由于使用模具和批量化生产的模式，令产品较为单一。尽管如此，制壶艺人们在家族传承模式的培养下，依旧守护着具有地方文化特色的工艺技法，守护着传统精深的手艺精神，在改革开放之后，迎来了新的生机。随着生活水平的提升和经济的发展，潮州人逐步恢复了闲适雅致的人文生活，工夫茶文化一泡一冲的烟火气息，唤醒了潮州制壶艺人们的创作灵感，他们在坚守传统工艺的基础上，在泥料上进行创新，积极学习宜兴制壶工艺，改造宜兴制壶工具，充分利用机械设备，如拉坯机、电窑等。设备的稳定性、自动化、可控性，使得制壶艺人们的精湛工艺如虎添翼，开始追求壶艺创新和造型创新，创作出更具审美价值的壶艺作品。

传统美学观念下的潮州朱泥手拉壶质感上追求"玉"的温润与光泽，造型上追求对称均衡的稳定感，以凸显传统文化气质。现代的潮州朱泥手拉壶的塑造仍然坚持古老的轮制法，并结合制壶艺人的制壶技艺展开，采用现代的机器设备能够塑造坯更薄、耳更细、口更秀的产品，但受轮制法限制，其造型均为几何形类传统圆器款式，在几何形——"圆"的基础上，壶嘴、壶把等关键部分也常常运用抽象的形式，以简洁明了的线条表达意味深长的创作理念。在中国传统美术的表达方式中，常以复杂的工艺技巧和繁复的纹样装饰作为手段，表达美好吉祥的愿望，但同样是工艺精湛的潮州朱泥手拉壶则去其装饰，将形象概括化、抽象化，讲究分寸感和均衡感，将意味深远的造物情致融入简洁精练的壶艺作品中，特别是追求传统韵味的壶艺作品，在"造化自然，师法自然"中表达自然和谐。作为承上启下的中青年制壶艺人，他们不仅仅要突破创新，更要依循古法传承技艺，对传统壶型的临摹创作是必不可少的见证基本功的方式之一，如韩山师范学院罗文锐老师的《水平壶》、吴佩姬老师的《梨壶》在传统壶型和传统技艺的基础上，表现了对传统制壶的传承和再现。在传统壶型的影响下，制壶艺人们的造型创新大多从创作意念中提炼造型元素，抓住造型元素的特色并加以抽象化、符号化，使其表达出传统文化的观念和美好吉祥的意愿。如青年一代的制壶艺人谢思博，其作品《灵猴献寿壶》就用抽象的几何形概括了小猴子顽皮机敏的动态感，壶顶的小猴和壶身的大桃的对比突破了传统的尺度概念，表达了长寿吉祥的美好愿望。以抽象的美表达深长的意味是潮州朱泥手拉壶独有的审美追求，但仍有不少制壶名家利用各自的独特优势创新壶艺作品，如"安顺"号第五代传人章广鑫老师讲究泥料运用、工艺技法，稳中求新，创作了具有地域文化特色的《红桃粿提梁壶》。

"器完不饰，质真素朴"，体现了结构和功能上的实用之美，是对中国日用美学最好的诠释。① 质真素朴的美感是通过视觉和触觉诉诸心理的感受，传统美学观念下的潮州朱泥手拉壶追求"玉"的温润与光泽，砂而不涩，光亮而不含蓄，精细而不繁复，通过对质感的追求凸显中国传统文化的儒雅气质。尽管受工业化进程的影响，但制壶技艺仍然需要制壶艺人们刻苦地训练，自始至终保持对材料

---

① 徐睿翔：《寻找中国人的日用之道》，人民网文化频道，http：//culture. people. com. cn/n1/2018/0925/c1013-30312229. html，2018 年 9 月 25 日。

的加工工艺、造型的结构秩序、步骤性的操作规程的坚守，并在坚守之下找到突破点，以创新壶艺产品。如纱布筛砂、泥料调砂的技术需要结合理性的工艺经验才能调配出一定色泽的作品，因此，制壶艺人在熟悉制壶流程的基础上，运用自身对"美"的感受和理解，才能调配出经得起推敲、耐人寻味、富有美感的作品。中国工艺美术大师吕尧臣曾在《紫砂陶艺装饰的思考》一文中写道："艺术表现贵在自然，如流云、山泉，使人感到畅达、舒展、轻松、愉悦，实际在具体设计构思和工艺处理上却是苦费匠心，惨淡经营，有时失败多于成功，这需要的是坚忍不拔的毅力。只有反复实践，不断总结，才能获得成功。"① 正如谢华大师在 20 世纪 90 年代对潮州境内近百种风化石进行多次的试验，最终发现潮州青龙山的风化石的金属含量、有机物含量比宜兴紫砂更高，之后用做瓷泥的方式将粗砂和杂质用水洗掉，经过滤沉淀后的泥料细致柔软、可塑性高，但同时泥料收缩率提高了，这影响着制壶艺人们的手艺和对工艺的熟悉度和敏感度。即便在工艺技术层面已经非常成熟，对制壶艺人们来说，手艺与工艺的结合，不仅仅是创作时的思考，手艺的训练需要"因势利导"的经验，需要"审曲面势"的判断，更需要"相物而赋形，范质而施采"的文化修养和审美修养。

潮州朱泥手拉壶的造型体态和质感色泽的变化是制壶艺人之间一个永恒的话题，他们在这一话题之下讨论：如何在创作过程中，力求做到圆非一相？如何在器型变化的基础上，注重壶身造型点、线、面的构成，从中找出共性、个性的特点和关系？如何在造型语言上结合装饰手法以做到巧妙处理，富于趣味？如何体现本土文化特色、融合当代审美趣味？等等。这些问题都应随着时代的进步予以思考，使潮州朱泥手拉壶通过造型而展现出独特的实用价值、审美特质和文化内涵。

---

① 杨子帆：《紫砂的意蕴——宜兴紫砂工艺研究》，北京：中华书局，2014 年，第111 页。

三、传承的巧思与良知

清华大学张守智教授对潮州的陶瓷工艺品市场进行调研后，对潮州朱泥手拉壶作过这样的评价："潮州朱泥壶有工无艺。"他一语道破了潮州传统朱泥手拉壶产业化发展的瓶颈。潮州朱泥手拉壶因受传统传承模式的影响，其用料和造型守旧，缺乏创新，使潮州朱泥手拉壶行业发展受阻。传统潮州朱泥手拉壶的传承重在技艺的训练，一把壶的形态可以传承几代人，几代人都根据这个壶型不断地练习手拉壶技艺，日复一日，年复一年，虽造就了高超的技艺能力，却缺少创新能力，这是由于传统的制壶艺人的学习门槛较低，文化水平不高，缺乏相关的造型设计能力、审美能力和文化知识的理论体系构架。

在创新的过程中，如何传承非遗技艺，不仅是潮州朱泥手拉壶所面临的问题，亦是其他非遗技艺所面临的问题。在传承技艺的基础上，强调读懂传统工艺之巧，理解工艺之美，传承工艺之精神，才能更好地创新。就潮州朱泥手拉壶这一技艺来说，其制作过程概括而言可以分为选料、制泥、成型、精修、烧制这五大项，但若细细挖掘其中的技法奥妙，不仅在于技艺的熟练度，还在于创作过程中的巧思与精细品质的把握。如泥料的风化沉淀需要时间的洗礼，至少需要三个月。在泥料的配比上，除了单一原料制壶，还可混入其他原料，如加入风化石原料捣舂过筛，在烧制后形成轻微的橘皮状，被称为软砂调料；加入朱泥碎片捣舂过筛，经过烧制，基础泥料发生收缩，朱泥碎片因早已烧结凸出器表，形成较为凸出的颗粒感，被称为硬砂调料。在材料上的巧思，不仅能加强视觉效果，亦能形成良好的触感，提升使用感受。在安装技巧上，考验制壶艺人的眼力和手的控制力，俗称"三山齐"，需要特别比对测量壶嘴、壶钮、壶把是否在同一条水平线上，巧妙利用三个部位在同一水平线上以符合传统审美形式上追求均衡、稳重之感。明针精修的环节在外行看来，无非就是拿着牛角软片轻刮壶体表面，使其光滑，但实则是运用边刮边压的巧妙力度，将器表粗细悬殊的泥粒向坯体里面挤压，使泥浆浮出，使器表呈现平整光润的效果，从而达到器表紧实，内壁疏松留有气孔，充分体现了朱泥壶透气不透水的特质。这种视觉效果上的追求被称为"起浆"，但从实用性来说，突出了将工艺技术转化为可用好用的优良器物。

器物是利用相应的原材料、运用一定的加工技术制作而成的，技术是实现物质转化的重要手段，直接影响着器物的工艺质量和艺术表现。在中国陶瓷发展进程中，最初刻画于陶器表面上的线条，不仅体现了使用工具的进化，也是最早的审美表现。线条装饰虽然只是一种原始的、最简单的手工艺装饰技法，却有着长远的生命力和不朽的艺术魅力，以这样朴素的审美观念审视潮州朱泥手拉壶创作，完美的圆形通过轮制法旋转而成，整体壶身之美是造型表现的重点，制壶艺人耐心地研究线条美感，把控线条在壶体上的表现，在简单的线条变化中表达"制壶为用"的朴素实用内涵，如"手中无梨式，何以谈茗事"的梨形壶在器小聚香的造型特点上保证出水顺畅、拿捏舒适的实用原则，通过追求壶身线条的曲度变化和壶嘴壶把相映成趣的细节呼应变化出不同的形态。如故宫博物院收藏的朱泥小壶从上至下、一气呵成的梨形弧线生动贴切地塑造了"师法自然"的制壶审美趣味；思亭壶壶身线条秀美精巧，宛若古时纤柔的女性；而君德壶壶腹下沉，线条扁圆，塑造了敦厚稳重的气质；现代"俊合"号的明德壶强调一波三折的弧线流转，在线条的变化中塑造丰富的视觉效果，好似笔锋折转自如的气势与变化。

传统的制壶技艺除了通过老一辈师傅的口传心授，更多仍要依靠学徒的观察、模仿、细心揣摩和不断地重复实践，日本民艺学者柳宗悦曾在谈及手工艺美的源泉时说："重复，意味着单调，也可考虑为令人厌烦。但是，反复又使工作熟练起来。于是，技艺能够充

第四章

潮州朱泥手拉壶的技艺传承

第一节　潮州朱泥手拉壶的发展现状分析

一、传承模式不适应当前的发展

自清代起，潮州朱泥手拉壶以民间家族制壶为主流形式延续至今，形成小作坊的生产模式，涌现大量制壶师、制壶家族及制壶作坊。以家族传承的模式代代相传，且传男不传女，形成了潮州朱泥手拉壶的传承特点，但也在一定程度上限制了潮州朱泥手拉壶的全方位发展。传统的传承模式制约了手拉壶的发展，使手拉壶的人才较为短缺，近年来，他们开始打破"技艺不传外人"的老规矩，广收门徒授艺。"如'俊合'号，开始引入现代企业经营模式，以商业思维模式推广手拉壶，产业化水平已得到全面提升。"[1]

二、工业化背景下的制约因素

随着工业化进程的推进，模具注浆陶瓷壶占领市场的主要位置，其易生产、可批量化、价格低等优势深受工厂的推崇。注浆壶采用模具倒浆烧制而成，为了让消费者看不见分模线，会采用上釉烧制进行遮挡，喷上光滑的釉料烧制而成的壶表面光滑、透亮，却缺少了细腻、温润的质感；同时，翻模的注浆壶工业气息浓重、外观造型千篇一律，无法体现出制壶艺人的"心水"和灵魂，精彩程度与

---

[1]　杨子帆：《紫砂的意蕴——宜兴紫砂工艺研究》，北京：中华书局，2014 年，第 111 页。

传统手拉壶有天壤之别。一些商家出于对经济效益的考虑，以纯手工制作作为吸引消费者购买的噱头，实际使用工业化批量生产的注浆朱泥壶进行售卖，这无疑是破坏了市场的规则，严重影响了传统手拉制壶师的市场形象。

三、未能形成行业规范

目前，潮州朱泥手拉壶未能形成行业规范，招收学徒没有明确的标准，任何人无论学历高低、素质高低都可以学习手拉壶制作，造成了潮州朱泥手拉壶学习门槛低，虽然这有利于解决大众的就业问题，但是潮州朱泥手拉壶作为一个艺术品类，其从业者需要有较高的艺术修养，没有行业规范就难以培养出较为优秀的制壶艺人。潮州朱泥手拉壶想要实现可持续发展，首要任务就是明确其科研范畴，建立手拉壶人才库，设立人才就业的考核制度，形成行业规范，让制壶人才形成良性的、可持续性的发展。可喜的是，潮州朱泥手拉壶于2018年4月成功通过"国家地理标志产品"的评审，意味着可通过产品质检的相关评价体系、现代行政管理和保护机制、现代知识产权法律方式来规范潮州朱泥手拉壶行业的发展，使其综合价值得到肯定和稳步提升。

第二节　潮州朱泥手拉壶的发展对策

一、运用工业化技术优势

当代潮州朱泥手拉壶的发展可充分运用工业化技术的优势，其中3D打印的快速发展也为手拉壶的创作提供了新的思路，以往一把手拉壶在初创时期需要经历漫长的创作周期，制壶艺人通过在纸面上绘画草图，可以大概预料壶的造型，之后通过一系列的制壶流程完成壶型创作，才能具体地感受立体的壶型，通过在手中真实地把玩分析此把壶的优缺点，并加以修改，而陶瓷一旦烧制就难以进行调整，因此若有差错就得从头再来。近年来伴随着工业化的发展，3D打印应用于工业设计中，它是一种快速成型的方法，通过逐层打印的方式将建模好的三维数字模型以光敏树脂材料展现出来。将此技术应用于手拉壶创作初期，可以利用计算机仿真设计，建立三维模型。计算机的手拉壶仿真效果，不仅可以直观地预测烧制完成后的效果，还可以无限次地进行调整、修改。有了模拟装饰后的手拉壶造型，制壶艺人可以经过反复对比，选出最佳的效果进行实物制作，这一技术改善了传统朱泥手拉壶创作初期的劣势，如周期长、难度大、不断地实验造成材料浪费等。用于制作手拉壶的朱泥一旦烧制就不可回收，不适合可持续性发展的策略，因此利用三维仿真设计，加强制壶艺人与客户、参与方的沟通交流，可以节省创作初期反复推敲方案的时间，也有利于陶瓷材料的可持续性发展，进一步提高了手拉壶制作的完成度。（见图4-1至图4-3）

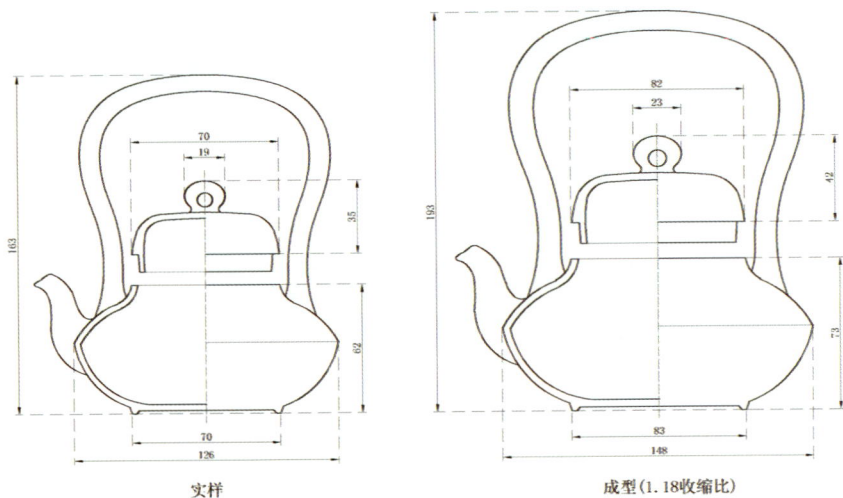

实样　　　　　　　　成型（1.18收缩比）

图4-1　3D打印手拉壶图纸

图 4-2　3D 打印壶型模具

图 4-3　3D 打印手拉壶成型

二、联合高校构建非遗人才培养教学平台

对于非遗文化的理论研究和保护实践来说，学科建设和人才培养凸显了非遗工作的深耕及蓬勃发展的结果，非遗文化与民俗学、社会学、人类学等相关，兼具多学科的交叉属性和单一学科的特殊性，重视及构建文化遗产学需要理论发展、知识创新和人才培养改革等举措。潮州地区非遗文化资源丰富，包括表演形态、物质形态、民俗形态、手工艺形态等多种类型，吸引不少高校的目光，并将其列为教学实践的内容之一。韩山师范学院依托先天的优势，于2015年开始着力聚焦地方非遗文化，先后开办了枫溪瓷烧制技艺工作室、潮绣工作室、剪纸工作室、手拉壶工作室等。手拉壶工作室依托美术学院适应学校"应用型、地方性、特色化"的总体定位，积极引入工艺美术大师，国家级、省级非遗传承人参与教学，积极探索培养具有工匠精神的陶瓷类非遗专业人才（陶瓷与非物质文化专业人才），尝试推行大师工作室制，目前学院有三个大师工作室，其中将"陶器烧制技艺（枫溪手拉朱泥壶制作技艺）"引入艺术院校的课堂，利用艺术院校的教学平台，构建"技与艺"相结合的教学模式，从壶艺的知识、技能、工具等具体实践出发，推动手拉壶技艺形成一定的工艺理念和观念；通过个人、群体、机构、高校等协力推动形成系统性的知识体系；通过艺术或设计的理论体系、实践经验，将创意理念、设计风格、人机工程、美学体验等内容融入手拉壶工作室的教学中，培养掌握技能、理解基本理论、形成基本知识的人才。此外，基于手拉壶工作室的开展，为教师团队开展学术研究和理论研究提供了专题研究与创新实践的基础，促进教师团队在文化研究和服务地方等方面的思考，力求坚持面向社会需求，服务地方，将教学内容转化为文化产业振兴发展的动能，做好基础性的调研调查工作，积极献策建言，宣传手拉坯技艺，特别是在人工智能时代下，

四、文创品牌商业模式推动发展

　　文创品牌建设具有地域性品牌识别系统和品牌商业模式，通过品牌文化理念的传播方法，能够有效地帮助潮州朱泥手拉壶的品牌价值提升及非遗文化的创新。在互联网时代的大背景下，出现了许多新传媒，如抖音、快手、淘宝直播等，潮州朱泥手拉壶想要得到进一步的推广就应该以全新的策略借助新传媒进行推广营销，以品牌的思路打造潮州朱泥手拉壶文创符号，形成具有潮州品牌文化的名片：打造制作技艺"产、学、研、销、宣"链条，发挥高校研发力量，聚集行业精英，开展品牌形象设计，突出整体性、地方性，并符合当代审美趣味，多渠道宣传推广，促进手拉壶的传承和创新。这样才能形成"产、学、研、销、宣"链条，实现手拉壶技艺的传承与弘扬。

第五章

部分名师新秀壶艺鉴赏

第一节　艺立潮头（排名不分先后）

一、谢华

谢华，1965 年出生，潮州人。中国工艺美术大师、国务院政府特殊津贴专家、文化和旅游部优秀专家、国家级非遗传承人、正高级工艺美术师、广东省人民政府文史研究馆工艺美术研究院特聘研究员、第二届中华非物质文化遗产传承人薪传奖获得者。现任中国工艺美术协会常务理事、广东省紫砂朱泥专业委员会主任、广东工艺美术研究所研究员、广州美术学院陶瓷艺术与科学研究中心客座研究员、广东省工匠学院教授。

源于自然、融会贯通是谢华制壶工艺的最大特点。他善于把古典的、现代的、国内的、国外的各种美的理念，融入自己的作品中，是当代最富创新精神的制壶大师之一。他的作品清新、大气、简朴、流畅、儒润，艺术境界与众不同；先后夺得 2 项国家级特别金奖和 20 多项国家级金奖，作品分别被中国工艺美术馆、中国紫砂博物馆、钓鱼台国宾馆收藏。

图 5 – 1　谢华《手拉壶》（图由创作者提供）

图 5 – 2　谢华《朝阳》（图由创作者提供）

图5-3　谢华《玉韵提梁》（图由创作者提供）

图5-4　谢华《诸事如意壶》（图由创作者提供）

二、章燕城

章燕城，1953 年 8 月出生。中国陶瓷艺术大师、高级工艺美术师、广东省工艺美术大师、非物质文化遗产项目"枫溪手拉朱泥壶制作技艺"省级传承人、清代"安顺"号第四代传人、章燕城手拉壶研究所所长、独立品牌"燕城茶壶"创始人。章燕城出生在陶瓷艺术世家，自幼随父章永添学习朱泥手拉壶技艺，吸收祖风之精髓，为艺术创作累积浓厚的底蕴。其作品在秉承传统工艺的基础上不断创新，把泥质的精心淘练和造型的工艺性、实用性等与中国文化糅合，形成自己的风格。他的作品屡获各级奖项，如原创作品《朱泥西施系列壶》《朱泥鸣远组合壶》《平湖提月》等先后获中国陶瓷设计大赛金奖；原创作品《联想》《天趣》获大地奖金奖；原创作品《厚德载物》《五代同堂》《沙漠之舟》等先后获中国工艺美术文化创意奖金奖；原创作品《唐风提梁壶》被中国美术馆收藏，《千环西施》《潮韵》《太极悟道》被中国工艺美术馆收藏，《禅》《五代同堂》被广东省非物质文化遗产保护中心收藏。

图 5-5　章燕城《马到功成》（图由创作者提供）

图 5 - 6　章燕城《太极》（图由创作者提供）

图 5 - 7　章燕城《千环西施》（图由创作者提供）

三、张瑞端

张瑞端，正高级工艺美术师、中国工艺美术行业艺术大师、广东省工艺美术大师、非物质文化遗产项目传承人、中国工艺美术协会常务理事、广东省工艺美术协会副会长、广东省工艺美术研究所紫砂艺术中心主任研究员、广东省工艺美术协会"紫砂朱泥壶专业委员会"执行主任、潮州市工艺美术协会副会长、潮州市裕德堂壶艺研究所所长；荆瀛轩工作室艺术总监，潮州市第十二届政协委员，潮州市湘桥区第六届人大代表，潮州市第六届优秀中青年科技人才，潮州市第七届拔尖人才，广东省工匠学院首批客座教授。2010 年在清华大学工艺美术大师高级研修班进修。其作品以创新、实用闻名，多件作品被中国工艺美术馆收藏，历年来有几十件作品荣获国家级和省级评比金奖、银奖。

图 5-8　张瑞端《螭蟠》（图由创作者提供）

图 5-9　张瑞端《初心壶》（图由创作者提供）

图 5-10　张瑞端《孺子牛》（图由创作者提供）

四、吴锦全

　　吴锦全，广东老字号"祥记"手拉壶第四代传人，高级工艺美术师、广东省工艺美术大师、广东省陶瓷艺术大师、国家级非物质文化遗产项目"枫溪手拉朱泥壶制作技艺"省级代表性传承人，荣获第二届潮州市"最美工匠"称号。

图 5-19　吴义永《一品壶》(图由创作者提供)

七、罗文锐

罗文锐，毕业于韩山师范学院美术系陶瓷艺术专业，学士学位，高级工艺美术师，韩山师范学院美术学院外聘教师。致力于紫砂壶艺的实践与创新，所制作品工整大气、精致饱满、富有气韵，受到多家专业机构的收藏及多名藏家的青睐。作品多次参加全国、省、市各项大型展览、比赛并获奖。

图 5-20　罗文锐《龙旦》(图由创作者提供)

图 5-21　罗文锐《水平》（图由创作者提供）

图 5-22　罗文锐《清趣》（图由创作者提供）

八、廖奥

廖奥，四川成都人，四川省工艺美术大师、高级工艺美术师、四川省工艺美术行业协会理事。

图 5-23　廖奥《涅槃》（图由创作者提供）

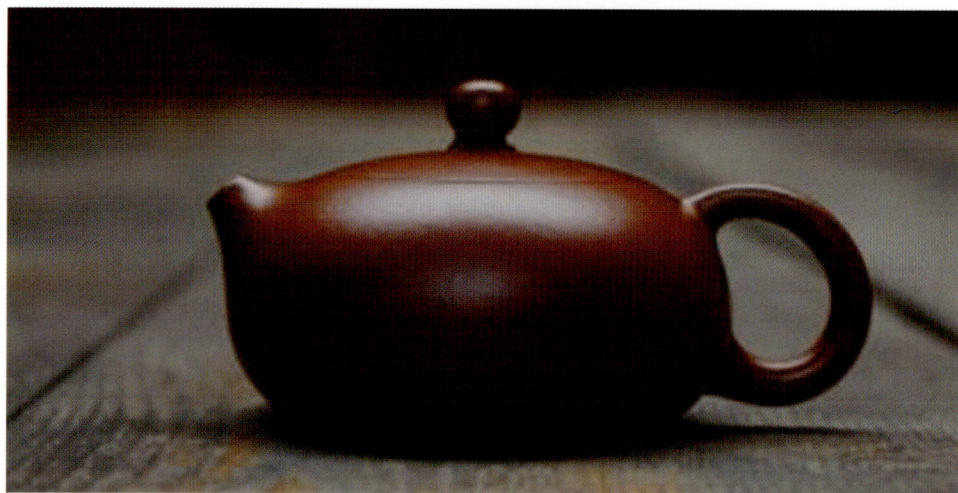

图 5-24　廖奥《色相》（图由创作者提供）

九、柯敏

柯敏，广东省工艺美术大师、高级工艺美术师、韩山师范学院教师。

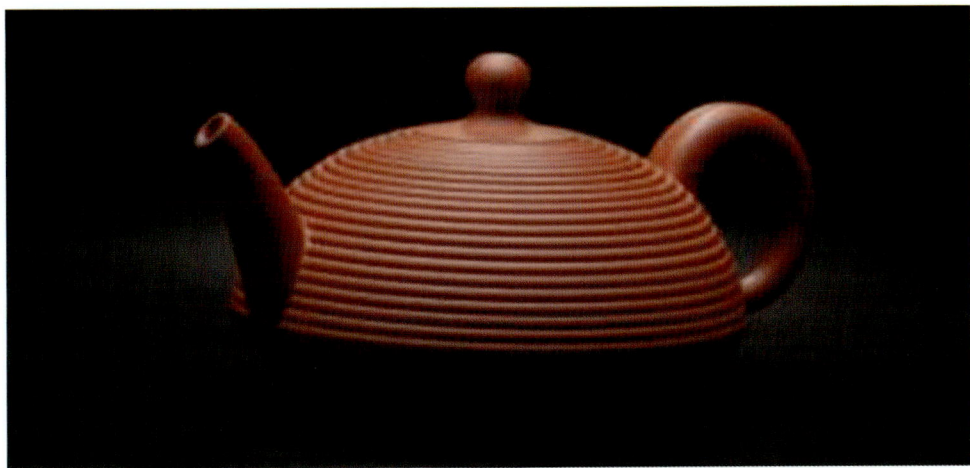

图 5 - 25　柯敏《千祥》（图由创作者提供）

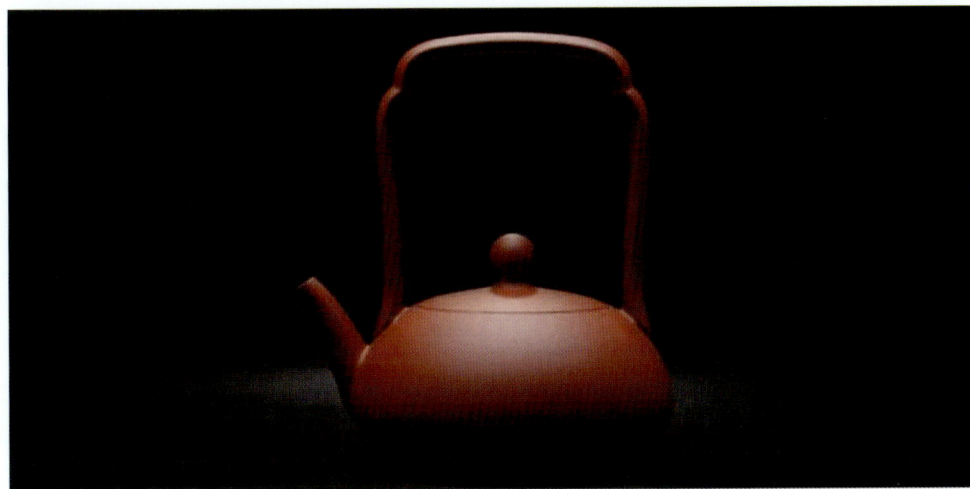

图 5 - 26　柯敏《丹凤如意提梁》（图由创作者提供）

十、陈沛雄

陈沛雄，1982 年出生于潮州，高级工艺美术师，现任广东省工艺美术协会监事、紫砂朱泥壶专业委员会副秘书长、潮州市工艺美术协会副秘书长。

图 5 - 27　陈沛雄《芳华》（图由创作者提供）

图 5 - 28　陈沛雄《樱式思亭》（图由创作者提供）

十一、吴佩姬

吴佩姬，潮州市工艺美术大师、高级工艺美术师、韩山师范学院美术学院教师。

图 5 - 29　吴佩姬《丰乐壶》（图由创作者提供）

图 5 - 30　吴佩姬《梨壶》（图由创作者提供）

十二、杨健

杨健，高级工艺美术师、高级紫砂鉴定师、中国工艺美术学会会员、潮州市工艺美术协会监事、潮州丝竹轩壶文化研究院院长。

图5-31　杨健《圣泉壶》（图由创作者提供）

图5-32　杨健《吉祥壶》（图由创作者提供）

十三、章广鑫

章广鑫，广东省工艺美术大师、高级工艺美术师，系潮州朱泥手拉壶老字号"安顺"第五代传人，广东省陶瓷艺术大师、中国非物质文化遗产项目"枫溪手拉朱泥壶制作技艺"传承人。

图 5－33 章广鑫《红桃粿提梁壶》（图由创作者提供）

图 5－34 章广鑫《节节高》（图由创作者提供）

十四、赖通发

赖通发，毕业于韩山师范学院，广东省陶瓷职业技术学校讲师，潮州市陶瓷艺术大师。

图 5-35 赖通发《鸣凤》（图由创作者提供）

图 5-36 赖通发《逸龙》（图由创作者提供）

十五、佘慕君

佘慕君，工艺美术师，潮州市工艺美术协会理事会副会长、广东南华工商职业学院客座教授、"成合窑"第三代传人。

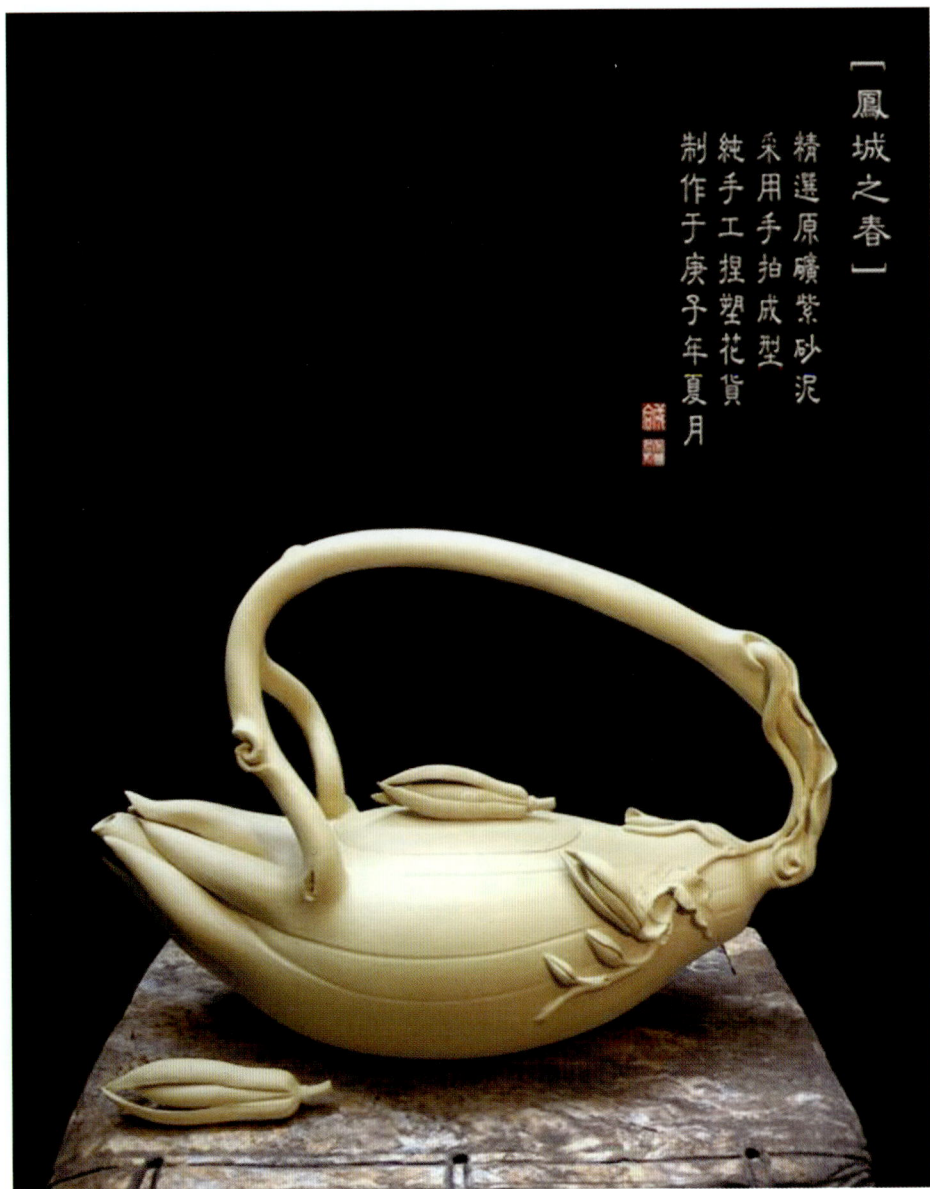

图 5-37 佘慕君《凤城之春》（图由创作者提供）

图 5 – 48　吴晗哲《福泽》（图由创作者提供）

四、林嬿

林嬿，1995 年 5 月出生，2011—2013 年在广东省陶瓷职业技术学校专攻手拉壶。2017 年至今创办"紫燕陶艺工作室"与"润土文化创意工作室"。2019 年与"润土文化创意工作室"联合推出系列作品。现为中级工艺美术师、中国工艺美术学会会员、广东省紫砂朱泥协会会员、潮州市民间文艺家协会会员。

图 5 – 49　林嬿《凤凰台》（图由创作者提供）

图 5 - 50　林嬿《醉翁》（图由创作者提供）

五、陈志坚

陈志坚，毕业于韩山师范学院美术学院，工艺美术师。

图 5 - 51　陈志坚《梨壶》（图由创作者提供）

六、林海奇

林海奇，毕业于韩山师范学院美术学院，学士学位，助理工艺美术师。

图 5-52　林海奇《善上三足提梁》（图由创作者提供）

七、林浩滨

林浩滨，毕业于韩山师范学院美术学院，学士学位，助理工艺美术师。

图 5-53　林浩滨《禅》（图由创作者提供）

八、房瑞杰

房瑞杰，毕业于韩山师范学院美术学院，学士学位。

图 5-54　房瑞杰《太湖雅石提梁》（图由创作者提供）

九、章锦权

章锦权，毕业于韩山师范学院美术学院，学士学位。

图5–55　章锦权《玉兔》（图由创作者提供）

十、郭联颖

郭联颖，毕业于韩山师范学院美术学院，学士学位。

图5–56　郭联颖《扁西施》（图由创作者提供）

十一、谢梓宏

谢梓宏，1997年7月出生，毕业于广东省陶瓷职业技术学校雕塑专业，助理工艺美术师。

图 5-57　谢梓宏《平盖壶》（图由创作者提供）

图 5-58　谢梓宏《鸿福壶》（图由创作者提供）

附录　潮州朱泥手拉壶访谈篇

受访者：谢华、李炳炎、章燕城、章广鑫、张瑞端、张泽锋、罗文锐、林嬿

采访时间：2020 年 9 月 3—4 日

采访者：陈卢鹏、唐春燕、罗英煌

录音整理：唐春燕、罗英煌

文稿编辑：唐春燕、罗英煌

采访者：谢华大师，您好！您对当前潮州朱泥手拉壶的发展前景有什么看法及建议？

谢华：相比全国其他几大制壶产区，潮州朱泥手拉壶的发展与前景是比较广阔的，需要更多的从业人员，需要培养更多高素质、创新型的专业人才来为产业注入新鲜的血液。2015 年本人接受韩山师范学院的邀请，尽微薄之力，与韩山师范学院协作创建"壶艺培训平台"，对在校学生进行培训，现已初显成效。希望接下来能够在各位的共同努力下，将潮州手拉壶推向新的高度，共同为潮州手拉壶的创新与传承奉献出自己的一份力量。

采访者：李炳炎会长，您好！请您谈一谈潮州朱泥手拉壶为什么会盛行。

李炳炎：朱泥壶的出现首先可以说是明代当官的人多了，做生意的人多了，对饮茶的形式产生了一些影响。因为洪武年间提倡用叶形的茶叶，不用茶马古道的茶砖，泡茶器型发生变化，不用人茶

壶泡茶了。此外，客赣人、漳州人、南洋人、闽南人的饮茶习惯也影响了潮州当地人的饮茶方式，才有了朱泥小壶的造型。其次就是枫溪的陶瓷业比较发达，才会把朱泥壶做得比较成熟。那么放在中国瓷都的背景下，今天的潮州朱泥手拉壶是一个发展鼎盛期。除了饮茶文化、枫溪地区的产业特点，研究手拉壶还要考虑它的消费市场，它的做工、运输、市场销售，加上民间的爱好、习惯，才会使用这种器物（潮州朱泥手拉壶），而每个器物都是一种人文的表现形式。

采访者：章大师您好，清代"安顺"号发展至今经历了许多风风雨雨，如今已经是第五代了，您作为第四代传人，是怎样坚持手拉壶这门传统手艺的？

章燕城："安顺"号发展至今确实经历了许多波折，是靠着一代一代不懈地努力才能拥有今天的成绩。几代人在传承发展中的艰辛也只有自己能懂，以前手拉壶需要运到龙窑去烧制，但是由于烧制不稳定，有时同一批运输过去烧制的手拉壶全都烧黑了，着实让人心痛。以前的环境也确实很磨炼制壶人的技艺。改革开放后，由于大家对手拉壶的需求量变大，半天就可以拉坯 280 个，连盖做好，这也迫使技艺水平的快速提高。但现在我们的壶越做越精细，也越做越讲究，以前是为了生存，而现在是有了艺术的追求。

采访者：章老师您好，作为年青的一代、"安顺"号的第五代传人，你是抱着怎样的使命去进行传承的？对于下一代你会如何进行引导？

章广鑫：其实我对于我自己的孩子是抱着开放式的心态去培养的，以后他对什么有兴趣就培养他往哪方面发展，不会强求。但他从小就在这样的环境里面成长，也会有所熏陶，像我小时候看着我父亲制作手拉壶，也是潜移默化地受到影响，本科毕业后就运用自己所学到的知识思考"安顺"号接下来的发展方向。而对于传承的方向，就是创新，现在的创新就是以后的传统，所以我们也会不断地去学习新思想，并融入手拉壶的创新中。

采访者：张大师您好，请问您如何看待目前潮州手拉壶行业的发展状况？

张瑞端：潮州手拉壶的发展需要同行的共同努力，首先大家应该要明确的就是我们所要宣传、推广的是潮州手拉壶，而不是某个人的手拉壶。当行业内的所有领军人物都共同地将潮州手拉壶推广出去，那对整个行业的影响是极大的，只有将潮州手拉壶这张名片做大、做强，我们的手拉壶行业才能经久不衰，也才能吸引更多的年轻人来从事。

采访者：张老师您好，您为什么会从事手拉壶这个行业呢？

张泽锋：我从 11 岁开始学习手拉壶拉坯，到了初中已经能完整地制作一把壶，在我父亲的精心指导下技艺日渐精湛。其实，我本科所读的专业是服装设计，但我认为设计是相通的，后来就想把所学到的设计理念融入潮州手拉壶这门传统的工艺中，并形成自己创作的方向和理念。比如我设计《海黄之韵》，是某一天在家乡看见江边色彩丰富的晚霞，不禁让我有种冲动，想要保留这一份难忘的美。回到家后念念不忘，一直在想是否可以通过绞泥的形式来表达，后来经过考虑和无数次实验之后，我把海南黄花梨的纹理、云彩的美感融合到壶艺创作中，于是就有了《海黄之韵》，至今我仍在绞泥的艺术创作中不断尝试和创新。

采访者：罗老师您好，您在高校培养学生进行手拉壶创作的过程中，是注重培养学生的创新精神还是传统技艺的训练？

罗文锐：针对这个问题，我在教学的过程中会分为两个步骤，因为我们都是学美术的，而壶艺跟美术也是息息相关的。我们学美术刚入门的第一步就是临摹，一般在引导学生入门的时候我会选择一两种比较传统的壶型让学生临摹，让学生在临摹的过程中去读懂、学懂、看懂手拉壶的一些内涵。当把技艺训练好后，就要结合第二步——创新，但在创新的过程当中也需要注意它的功能和实用性，有句话说"壶为茶用",做出来的壶就是为了泡出好的茶,因此需要先从传统的事物中吸收,紧接着才能谈创新。

采访者:作为在高校带过手拉壶相关课程的老师,您是如何看待高校引入非遗项目作为一项专业的?您对学校的这一门课程建设有什么建议?

罗文锐:高校引入手拉壶这一非遗课程,主要还是看学生学完以后从事这个行业的比例,这是对这门专业能否在高校一直延续下去的一个很大的考验。手拉壶的行业趋势还是相对较好的,我也是韩山师范学院毕业的,以前班里面20多位学生,最后只有4位在从事与陶瓷相关的工作。如果学校的培养能够让学生像景德镇陶瓷大学的学生那样留在景德镇创业,才能把这个行业带动起来,当然,这离不开政府的扶持和推动。在学生读大学的时候就可以营造这个环境对他们的创意进行孵化,有了这个氛围,才能让这个专业越办越好。

采访者:您认为手拉壶在高校的培养方案里面与传统传承模式有什么区别?

罗文锐:传统的传承模式是"传内不传外,传男不传女",他们重在技艺的传承,几代人都在研究如何将一把壶做到极致,从而去体现精湛的制壶技艺。但是高校注重的是传授学生一些方法和经验,让学生去理解这门技艺,然后自己进行发挥和创造。所以高校的学生都有自己的一些想法和理念,他们可以设计出跟传统不一样的东西。非遗的传承也需要这些新鲜血液的加入,才能更好地传承下去,包括将一些综合材料结合起来,起到了突破、创新的作用。当然,创新也离不开传统技艺的训练,两者应该是相互交融的,这样才能全面地、系统地培养学生在手拉壶领域的发展。

采访者:作为潮州新一代手拉壶艺人,您是如何创作的?您的创作理念是什么?您认为自己最好的作品是什么?

林嬿:首先要打好美术基础,在创作的初期先画好设计图,其欢在创作的过程中多查找相关的文献资料，将文化融入手拉壶的设计中去，从而提升手拉壶的价值。我认为我的作品没有最好的，也没有最满意的，就像谢华老师讲的："没有最好的，只有更好的。"因此我也是在不断地提升自己，不断地做作品。在创作的时候，我喜欢在我的作品里融入一些文化内容，就像《霓裳》这一组手拉壶的灵感来源于唐朝、唐风系列，壶身形状提取自女性的形态，壶嘴、壶钮、壶把就是唐朝女性服装中的半臂，源自李隆基和杨贵妃的故事，然后用手拉壶去表达出来。《醉翁》这一组作品就相对俏皮和动感一点，它的壶把就像是喝醉酒的诗人，手是托着腮的动作，壶嘴就像是另一只手依托在墙面上，给人一种动态的视觉感受。《凤凰台》的设计灵感源自我的家乡潮州的一个景色——凤凰时雨，上面的盖子其实是一壶二盖，它是双层盖，这个就融入了偏功能化的设计理念，第一层盖打开了以后，壶口较小，冲茶的时候可以注入开水，气味不易挥散，也可以较好地保留茶香；第二层盖打开以后，壶口较大，适用于放入茶叶及倒掉茶渣。我们所要做的茶壶不只是一把放在收藏馆收藏或者是放在柜子里面当作陈列品的作品，也会考虑它的功能性。

参考文献

1. 杨子帆：《紫砂的意蕴——宜兴紫砂工艺研究》，北京：中华书局，2014 年。

2. 李斌：《温家宝、李长春参观中国非物质文化遗产专题展》，《光明日报》，2007 年 6 月 10 日，转引自肖锋：《论非物质文化遗产的“物质性”与“非物质性”》，《广西社会科学》2013 年第 12 期。

3. 卜宪群：《深入领会习近平关于文化遗产的思想理论（文明之声)》，《人民日报》，2018 年 1 月 10 日。

4. ［日］冈仓天心著，谷泉译：《茶书》，北京：新星出版社，2016 年。

5. 闲情偶的：《论潮汕“工夫茶四宝”》，http：//www. 360doc. com/content/18/0215/10/29239173 _ 730078637. shtml，2018 年 2 月 15 日。

6. “中国国家人文地理”微信平台公众号：《广东潮州工夫茶：平淡生活里的仪式感》，2020 年 9 月 24 日。

7. 李炳炎、詹树荣：《潮州窑历代茶具》，深圳：深圳报业集团出版社，2016 年。

8. 王丰丰：《孟臣壶的诗文款识艺术探究》，《漳州职业技术学院学报》2013 年第 2 期。

9. 吴光荣：《惠孟臣与孟臣壶》，《收藏家》1997 年第 3 期。

10. 杭间：《中国工艺美学史》，北京：人民美术出版社，2007 年。

11. 谢思博：《潮州手拉朱泥壶杂谈——泥料创新》，《陶瓷科学与艺术》2016 年第 6 期。

12. 新浪读书：《日用之道：从平凡器物之美思考中国人的生活哲学》，http：//book. sina. com. cn/news/xsxx/2018 – 09 – 26/doc – ih-kmwytp2176333. shtml，2018 年 9 月 26 日。

13. ［日］柳宗悦著，石建中、黄豫武、孙建君译：《民艺论》，南昌：江西美术出版社，2002 年。

14. 赵乐静：《可选择的技术：关于技术的解释学研究》，太原：山西大学博士学位论文，2004 年。

15. 廖奕文：《潮州手拉壶叫板紫砂壶》，《南方日报》，2011 年 7 月 10 日。

16. 韦珊瑜：《潮州通花瓷赏析及其落寞与发展的探讨与思考》，《大众文艺》2017 年第 15 期。

后　记

　　潮州朱泥手拉壶为潮州工夫茶文化和潮州人的生活带来了无限的荣光，也承载着潮州工夫茶深邃的文化内涵和人民对高品质工艺的深厚情感和期待。广大工艺大师和壶艺从业人员不忘初心、牢记使命，以保护、传承与弘扬地方优秀传统工艺为己任，不断创新发展，为潮州工艺茶壶的发展开拓新的空间：加大文化研究力度，加强文化交流，彰显潮州工夫茶的魅力；大力推广潮州工夫茶文化，广收学徒，传授技艺，打破了传统上"传内不传外"的束缚，加快工艺大众化的步伐；更新营销模式，把潮州朱泥手拉壶推向市场，接受市场的洗礼，让茶壶更加健康成长；加强"产、学、研、销、宣"的融合，把工艺的传承搬上课堂，提高了传统工艺的品位……

　　潮州朱泥手拉壶独具潮州传统工艺特色，在不同的历史时期都展现着迷人的风采。手拉壶独特的炼泥、造型、制作、煅烧等制作技艺随着技术的发展而不断创新，形成了今天行业蓬勃发展的局面。在国家大力弘扬优秀传统文化、保护优秀传统技艺的大形势下，我们要提高文化自信，致力于传统技艺的保护传承和创新发展，以新的文化发展理念，加快传统工艺与新材料、新技术的结合，传承保护和创新发展并进，不断提升潮州朱泥手拉壶传统技艺的品牌特色，使潮州朱泥手拉壶艺术在新的历史进程中得到保护、传承、弘扬、创新与发展，焕发出新的生机与活力。

　　编写本书的初心是弘扬优秀的传统技艺，让手拉壶技艺走进课堂，通过校企合作融合发展，为潮州朱泥手拉壶艺术的创新发展注入新的活力。本书的编写工作得到国家级工艺美术大师谢华、中国陶瓷艺术大师章燕城、中国工艺美术行业艺术大师张瑞端、研究馆员（正教授）李炳炎等大师、专家的大力支持和指导。在此深表谢忱！

潮州传统工艺从来都未处于一个静止的状态，而是在传承的过程中不断创新发展。愿不断有新人加入这个领域默默耕耘，共创美好明天，实现心中梦想！

编著者

2023 年 12 月